Alfred Gebauer
Alexander von Humboldt. Seine Woche auf Teneriffa 1799

Der Autor

Alfred Gebauer wurde 1907 in Berlin Tegel, in unmittelbarer Nachbarschaft zum Humboldt-Schloß, geboren. Er trat mit 14 Jahren in die kaufmännische Lehre ein und wurde Geschäftsführer einer Möbelfabrik, 1951 gründete er sein eigenes Unternehmen, das heute noch erfolgreich tätig ist. Anfang der 80er Jahre unternahm Gebauer zahlreiche Urlaubsreisen nach Teneriffa und folgte dabei begeistert den Spuren Alexander von Humboldts während seiner »Woche auf Teneriffa«. Er veröffentlichte das hier vorliegende Buch in seiner Originalausgabe im Verlag Wolfgang Stapp (Berlin 1985) und stiftete in Tegel ein Humboldt-Denkmal. Alfred Gebauer starb 1997 in Berlin.

Alfred Gebauer

ALEXANDER VON HUMBOLDT

Seine Woche auf Teneriffa 1799
Beginn der Südamerika-Reise

Sein Leben – sein Wirken

Zech Verlag

Mit 55 Abbildungen, davon: 22 Farbfotos,
17 zeitgenössische Darstellungen, 3 Karten

© Verlag Verena Zech, Santa Úrsula (Teneriffa)
www.zech-verlag.com · Tel./Fax: +34 922 302596

Idee, Text (Anmerkungen) und Redaktion: Alfred Gebauer
aktualisiert und ergänzt von: Verena Zech
Umschlaggestaltung: Karin Tauer unter Verwendung eines Fotos:
Alexander von Humboldt, *Atlas géographique et physique des régions
équinoxiales du nouveau continent*, Paris 1814
Bildnachweis: auf Seite 192
Druck: Gráficas La Paz
Dep. legal: J-638-2009

ISBN 978-84-934857-6-4
Printed in Spain

Inhalt

Vorwort: Die Insel als Welt
Alexander von Humboldt auf Tenerife

Ottmar Ette (Potsdam 2009)

Nach mehreren gescheiterten Versuchen, sich gemeinsam mit dem Arzt und Botaniker Aimé Bonpland von Frankreich aus auf eine große Reise zu begeben, die ihn in möglichst weit entfernte Weltregionen führen sollte, lief Alexander von Humboldt – wie er in einem Brief vom 5. Juni 1799 an den Freiherrn von Moll formulierte – »bis ans Ende von Europa«. Dort erteilte der spanische Hof dem jungen, 1769 in Berlin geborenen Forscher aus dem protestantischen Preußen zu dessen eigener Überraschung die großzügige Erlaubnis, »mit allen Instrumenten die spanischen Colonien zu besuchen« und sich frei, unter dem Schutz der Krone, in den überseeischen Besitzungen Spaniens bewegen zu dürfen.

Bereits wenige Stunden nach der Niederschrift dieser Zeilen verließ der noch nicht dreißigjährige Humboldt auf der Fregatte »Pizarro« den Hafen von La Coruña, um eine der berühmtesten und bedeutungsvollsten Reisen der Moderne, die die Annalen der Wissenschaftsgeschichte verzeichnen, voller Tatendrang anzutreten. Sie führte ihn nicht mehr – wie er seinem Briefpartner berichtete – nach Marokko und ins Atlasgebirge, um später »mit der Caravane von Mekka den Landweg nach Cairo« einzuschlagen, sondern in die spanischen Kolonien Amerikas, wo er zwischen 1799 und 1804 das Gebiet der heutigen Staaten Venezuela, Cuba, Kolumbien, Ecuador, Peru und Mexico sowie abschließend kurz die USA bereiste. Sein Gefühl, daß diese große transatlantische Reise unter »tausend günstigen Vorbedeutungen« begonnen wurde, trog ihn nicht: Es wurde die Reise seines Lebens – nicht nur, weil sie ihn mit einem Schlage weltberühmt machte, sondern weil sie ihn in einen langanhaltenden Glückszustand versetzte, an den sich noch der greise Gelehrte kurz vor seinem Tod im Jahre 1859 erinnern sollte.

Alexander von Humboldt stellte immer wieder den Beginn seiner »Reise in die Äquinoktial-Gegenden des Neuen Kontinents«, mithin in die amerikanischen Tropen, als den Auftakt zu einem neuen Leben, zu einer *Vita nova* dar, die im Zeichen eines glückenden Wissenschafts- und Lebensprojekts stand. Was gestern für ihn noch unerreichbar schien, lag plötzlich in seiner Reichweite: Die Dimensionen der Welt begannen sich für Humboldt zu verändern. Als er in seinem in französischer Sprache verfaßten Reisebericht nach der Abfahrt aus Spanien notierte, bei Sisarga die letzten Lichter des spanischen Festlands gesehen zu haben, bezeichnete er die sich seinen Blicken entziehende Küste ganz selbstverständlich als »mein Geburtsland«: Alexander von Humboldt war zum Europäer geworden und brach als solcher in einem deutsch-französischen Forscherteam in die Neue Welt auf.

Der Weg, den die »Pizarro« einschlug, folgte noch immer der Route des Christoph Columbus alias Christophe Colomb, in dessen Bordtagebuch Alexander, der jüngere der beiden Humboldt-Brüder, stets mit großer Begeisterung las. Alexander von Humboldt, dessen aus einer Hugenottenfamilie stammende Mutter den Namen Colomb trug, konnte noch nicht ahnen, daß man ihn später als den »zweiten Entdecker«, den »zweiten Columbus« und »wissenschaftlichen Eroberer Amerikas« feiern sollte. Und doch fühlte er sich hingezogen zur Figur des zweifellos bekanntesten europäischen Entdeckers und sparte – bei aller kritischen Distanz – auch in seinem Reisebericht nicht mit Anspielungen auf jene Fahrt, mit der die erste Phase beschleunigter Globalisierung am 12. Oktober 1492 ihren ersten Höhepunkt erreicht hatte. Auch für Humboldt sollten sich schon bald die Umrisse eines ihm noch unbekannten Archipels abzeichnen.

Nicht nur, weil er nun bewußt den Spuren jenes weltgeschichtlichen Ereignisses folgen durfte, dem er später sein fünfbändiges, auf jahrzehntelangen Recherchen beruhendes Werk über die »Entdeckung der Neuen Welt« widmete, geriet dem jungen Reisenden und Schriftsteller die auf der Insel im Schatten des Teide verbrachte Woche zu einer als sehr glücklich erlebten Zeit. Denn Tenerife trat ihm gleichsam in doppelter Gestalt entgegen: als Insel-Welt und als Inselwelt.

Als **Insel-Welt** bot sich ihm Tenerife als eine eigene, in sich geschlossene Welt dar, deren Geschichte und Gesellschaft, deren Geographie und Geologie, deren astronomische wie anthropologische Merkmale, deren Pflanzungen und Pflanzenwuchs, deren Klima und Kultur er innerhalb der beschränkten Dauer seines Aufenthalts nach Herzenslust studieren konnte. Auch wenn es ihn rasch nach Amerika weitertrieb: Lag hier nicht eine ganze Welt vor ihm? Das subtropische, vor der Küste Afrikas auf der Route nach Amerika gelegene Eiland wurde für ihn zur idealen Insel schlechthin: Hatte er in seiner Zeit als Oberbergrat im preußischen Bergbau die dritte Dimension in der Tiefe kennengelernt, so erkannte er nun bei der Besteigung des imposanten Teide, welch enorme Bedeutung den Höhenstufen und damit der dritten Dimension mit Blick auf die verschiedenartigsten Phänomene der Natur wie der Kultur zukam. Der Aufstieg zum Vulkan und die damit verbundene wissenschaftliche Entdeckung der dritten Dimension, die er in vielen Skizzen festhielt und in späteren systematischen Inselprofilen entfaltete, wurde zu einem Vorspiel all jener Vulkanbesteigungen, die der Gelehrte später in den Anden Ecuadors oder den Kordilleren Mexicos vollbringen sollte. Die Wirkung des Teide auf Humboldt kann kaum überschätzt werden.

Ein Studium ebenso des Reiseberichts wie des Gesamtwerks Alexander von Humboldts läßt leicht erkennen, wie die Insel-Welt Tenerifes die später erst so benannte Humboldtsche Wissenschaft geradezu herausforderte und mitprägte. Alfred Gebauers Band belegt es: Wie in einem Brennspiegel waren hier (fast) alle Gegenstände seiner Forschung, seines Nachdenkens über die Welt, versammelt – allerdings ohne die Allgegenwart der Sklaverei, die ihn später auf Cuba so sehr bedrücken sollte.

Die von Humboldt entwickelte Wissenschaft beruht in ihren grundlegenden Zügen auf einem Queren der unterschiedlichsten Disziplinen, die von der Anatomie bis zur Zoologie, von der Biologie bis zur Philologie, von der Ökonomie bis zur Ökologie reichen und von Humboldt, der sich selbst seit 1789 schon als einen Nomaden, als einen Fremdling zwischen den Wissenschaften bezeichnete, auf immer komplexere Weise zusammengedacht wurden. Auseinander-Setzen und Zusammen-Denken: Dies ist die Humboldtsche Doppelbewegung. Dabei beschränkte er sich keineswegs auf das Gebiet der Naturwissenschaften, die er als *sciences exactes* begriff, sondern dehnte seine Forschungen ganz selbstverständlich auf die Bereiche der Kulturwissenschaften aus. Seine Maxime lautete schlicht: »Alles ist Wechselwirkung.« Sie weist ihn als einen Denker der Relationalität aus, einer Mannigfaltigkeit der Beziehungen, der stets nach dem Ganzen, nach dem Gesamtzusammenhang sucht und aufs Ganze geht.

Für Alexander von Humboldt hielt Tenerife aber zugleich das spektakuläre Schauspiel einer **Inselwelt** bereit, die sich in eine Welt von Inseln einfügt, welche zunächst vom Archipel der Kanaren gebildet wird. Der Blick vom Gipfel des Teide führt im Reisebericht der *Relation historique* diese Inselwelt in ihrer

Schönheit, in ihrer ästhetischen Dimension eindrucksvoll vor Augen. Zugleich aber wird eine globale Inselwelt erkennbar, die von der schicksalhaften Lage der Inselgruppe zwischen Norden und Süden, zwischen Afrika und Amerika ausgeht und bereits auf jene Inselwelt der Karibik vorausweist, die Humboldt und Bonpland wenige Wochen später erreichen sollten. Doch wie der berühmte Botanische Garten von Orotava für Pflanzen und Sämereien gleichsam eine Brücke zwischen Alter und Neuer Welt schuf, so läßt die transarchipelische Funktion der Inselgruppe zwischen den Kapverden, Madeira und den Azoren mit ihren vielen Verbindungen nach Cuba, Puerto Rico und den anderen Antilleninseln, aber auch zu den Inseln im Indischen Ozean oder dem Archipel der Philippinen, eine Welt aus Inseln entstehen, deren Globalität Alexander von Humboldt, den wohl ersten Globalisierungstheoretiker, faszinierte. War hier nicht eindrucksvoll erlebbar, daß man einen Raum nur dann wirklich versteht, wenn man die ihn querenden und bildenden Bewegungen und Bewegungsmuster untersucht?

Daher überrascht es nicht, daß der auf den ersten Blick recht kurze Aufenthalt auf Tenerife beim Schriftsteller wie beim Wissenschaftler Humboldt einen dauerhaften Eindruck hinterließ. Noch in seinem 1843 in französischer Sprache veröffentlichten Werk über Zentral-Asien, das auf der 1829 durchgeführten russisch-sibirischen Forschungsreise beruhte, tauchte in Humboldts Reisebildern über den asiatischen Steppen immer wieder die Silhouette des Teide auf, die sich des öfteren mit jener des Chimborazo verband. Diese beständigen Nachbilder auf Humboldts Retina hatten nicht zuletzt wissenschaftstheoretische Gründe. Denn war es dem Gelehrten von Weltruf später nicht eindrucksvoll gelungen, dank seines Denkens in globalen Zusammenhängen das Vorkommen von Diamanten im Ural oder die schädlichen Einflüsse der Industriellen Revolution auf das Klima zu prognostizieren? Die Humboldtsche Wissenschaft war ebenso relational wie global angelegt. Ihr Geschichtsentwurf war weniger statisch und raumgeschichtlich als dynamisch und bewegungsgeschichtlich orientiert.

So konnte Tenerife, die Insel um die Caldera des Teide, das Land im Zeichen des Drachenbaumes (zwei Silhouetten, die im Reisewerk des preußischen Gelehrten vielfach gegenwärtig sind), für Alexander von Humboldt zum Fraktal einer Welt als Insel werden, zu einer Insel der Inseln, die gleichsam alle Sehnsuchtsräume und Sehnsuchtsträume verkörpert. Alles auf dieser weltweit vernetzten vulkanischen Inselwelt war für ihn in Bewegung: die Meeresströmungen, die Gesteine, die Pflanzen, die Waren, die Genüsse des Lebens wie die Genüsse des Lesens, die Freuden des Messens wie die Freuden des Essens – und selbstverständlich die Passatwinde, die schon bald die Segel der »Pizarro« wieder blähen sollten.

Nichts in dieser Welt ist nur von einem Ort: auch nicht der Drachenbaum, der doch seit unvordenklichen Zeiten so tief im Erdreich verwurzelt scheint. Alles ist in stetiger Wanderung begriffen. Für die von der kanarischen Erfahrung mitgeprägte Humboldtsche Lebenswissenschaft, die das Leben nicht allein in seinen natur-, sondern auch in seinen kulturwissenschaftlichen Beziehungen beleuchtet, verkörpert gerade der Drachenbaum die Bewegung des Lebens selbst:

»Der [alte Drachenbaum] in Herrn Franquis Garten trägt noch jedes Jahr Blüten und Früchte. Sein Anblick mahnt lebhaft an ›die ewige Jugend der Natur‹ des Aristoteles, die eine unerschöpfliche Quelle von Bewegung und Leben ist. Der Drachenbaum, der nur in den angebauten Strichen der Kanarien, auf Madeira und Porto Santo vorkommt, ist eine merkwürdige Erscheinung in Beziehung auf die Wanderung der Gewächse. Auf dem Kontinent von Afrika ist er nirgends wild gefunden worden, und Ostindien ist sein eigentliches Vaterland. Auf welchem Wege ist der Baum nach Teneriffa verpflanzt worden, wo er gar nicht häufig vorkommt? Ist sein Dasein ein Beweis dafür, daß in sehr entlegener Zeit die Guanchen mit anderen, mit asiatischen Völkern in Verkehr gestanden haben?«

Alexander von Humboldts Welt ist eine Welt in Bewegung, die aus den Bewegungen des Reisenden, des Schreibenden heraus ihre Dynamik gewinnt. Wo hätte sein Werk, das zwischen der Alten und der Neuen Welt, zwischen dem 18. und dem 19. Jahrhundert, zwischen der französischen *Encyclopédie* und der Evolutionstheorie eines Charles Darwin (der Humboldts Reisebericht begeistert auf seine eigene Weltreise mitnahm) entstanden ist, einen besseren Bewegungsraum finden können? Sehen wir diese Insel der Inseln daher mit Alexander von Humboldts Augen: Tenerife ist als Insel-Welt gewiß eine Welt für sich – und zugleich als Inselwelt zumindest ein wenig die Welt an sich.

Einleitung

Wenn man (wie ich) in der früheren Gemeinde Tegel, seit 1922 Ortsteil Tegel von Berlin, geboren und aufgewachsen ist, kennt man das Humboldt-Schloß mit Park und Begräbnisstätte. Wir lernten, daß die berühmten Wissenschaftler Wilhelm und Alexander von Humboldt hier ihre Kindheit und Jugendjahre verbrachten und daß der ältere Wilhelm später mit seiner Familie dort ständig wohnte. Aber sowohl in der Schule als auch später im täglichen Leben erfuhren wir selbst in der engsten Heimat der Brüder Humboldt nur wenig über deren Leben und Wirken.

Kommt man als Tourist nach Puerto de la Cruz und in das Orotavatal, so findet schon bei der ersten Rundfahrt eine »Begegnung« mit Alexander von Humboldt statt, nämlich beim »Mirador Humboldt«, einem Aussichtspunkt an der Ostseite des Tales mit schönem Rundblick. Nach dieser Überraschung, den Forschungsreisenden und Gelehrten aus dem heimatlichen Berlin hier mit einem Platz und Gedenkstein (Abb. 5) geehrt zu finden, wurde das Interesse wach, mehr über Leben und Wirken dieses deutschen Universalgelehrten zu erfahren. Es verstärkte sich noch nach einem ersten Quellenstudium, der Lektüre eines Buches von Adolf Meyer-Abich: »Alexander von Humboldt« (2).

Im Juni 1799 begann Alexander von Humboldt mit seinem Gefährten, dem französischen Arzt Bonpland, seine fast fünfjährige Amerika-Forschungsreise, über die er dann über 30 große Bände in Paris verfaßt hat, über die viele Werke, Aufsätze und Bildbände im In- und Ausland erschienen sind. Der erste »Landgang« der beiden Forscher nach Abfahrt von La Coruña in Nordwestspanien erfolgte in Santa Cruz auf Teneriffa. Sie hielten sich sechs Tage auf der Insel auf und haben darüber umfangreich im »Reisewerk« (1) berichtet. In späteren Arbeiten über Humboldts Reise wird die Teneriffa-Zeit nur kurz erwähnt, ausgenommen die Schrift Cioranescus in spanischer Sprache: »Humboldt en Tenerife«.

Im vorliegenden Buch wird aus dem Reisewerk (1) umfangreich in Auszügen zitiert, wobei der Originaltext der anerkannten deutschen Ausgabe »Reise in die Aequinoctial-Gegenden des neuen Continents« (Bearbeitung von Hermann Hauff, erschienen 1861 bei Cotta in Stuttgart) benutzt wird. Es werden die ersten beiden Kapitel (um etwa die Hälfte gekürzt) wiedergegeben, die Rechtschreibung ist behutsam der heutigen Schreibweise angepasst.

Ergänzt wird die vorliegende Arbeit aufgrund von Erkundigungen an Ort und Stelle mit geschichtlichen Rückblicken, belebt durch die Wiedergabe einiger Originalgrafiken Humboldts sowie alter Bilder aus dem 19. Jahrhundert und neuer Fotos. Es ist keine Arbeit bekannt, die aus deutscher Sicht geschrieben und in deutscher Sprache sich mit so ausführlichen Ergänzungen, Zeichnungen und Fotos mit der »Woche auf Teneriffa« des Forschungsreisenden befaßt und so eine Lücke ausfüllt.

Dem Leser wird in den Kapiteln I und III zum besseren Verständnis der Persönlichkeit und des Wirkens Alexander von Humboldts eine kurze Beschreibung gebracht. Zur Vertiefung sei auf die umfangreiche Humboldt-Literatur hingewiesen, ein Teil ist im Anhang verzeichnet.

Mit Hilfe meines jungen Freundes Alejandro aus La Orotava sind umfangreiche Nachforschungen erfolgt. Ihm und allen anderen, die mir geholfen haben, sei herzlich gedankt.

Berlin, im Sommer 1985   Alfred Gebauer

KAPITEL I

Jugend – Student – Bergrat

Die Vorfahren der Humboldts lebten in Preußen (Brandenburg-Pommern), ihr erblicher Adel wurde dem Hauptmann Johann Paul Humboldt im Jahre 1738 in der Garnison Kolberg verliehen. Der Vater, 1720 geboren, war Offizier im Heer Friedrichs des Großen. Wegen einer Kriegsverletzung quittierte er 1762 als Major den Heeresdienst, blieb dem Hof aber als Kammerherr verbunden. Er besaß einen Anteil an der Lotteriepacht sowie der Tabakregie, war also finanziell gut gestellt. Er heiratete 1766 Marie Elisabeth Colomb, verwitwete von Holwede. Die Colombs waren Hugenotten aus Burglind, sie war vermögend und brachte neben anderen Gütern das Stadthaus Jägerstraße 22 sowie das Schlößchen Tegel in die Ehe ein (Abb. 4).

Der ältere Sohn Wilhelm wurde am damaligen Dienstsitz des Kammerherrn Alexander Georg von Humboldt in Potsdam am 22. Juni 1767 geboren. Nach Verlegung des Wohnsitzes in das Berliner Stadthaus kam dort der zweite Sohn Alexander am 14. September 1769 zur Welt. Der Vater gab im gleichen Jahr seinen Dienst auf, und nun lebte die Familie überwiegend im Schlößchen in Tegel. Die Mutter wird als eine stille, in sich gekehrte Natur beschrieben, der Vater hingegen als warmherzig, mit starkem Charakter und gewinnendem Wesen. In Tegel empfingen die Humboldts viele Freunde vom Hof, aber auch andere Besucher, so Johann Wolfgang von Goethe im Jahre 1778, als er den Herzog von Weimar nach Berlin begleitete. In Tegel hörte er auch von einer Spukgeschichte, die sich dort im Forsthaus ereignet haben soll. Da sich ganz Berlin über diesen »Spuk« amüsierte, vergaß ihn Goethe nicht und erwähnte ihn später im »Faust« (1. Teil, Walpurgisnacht).

Proktophantasmist:
Ihr seid noch immer da! Nein, das ist unerhört.
Verschwindet doch! Wir haben ja aufgeklärt!
Das Teufelspack, es fragt nach keiner Regel.
Wir sind so klug, und dennoch spukt's in Tegel.
Wie lange hab' ich nicht am Wahn hinausgekehrt.
Und nie wird's rein; das ist doch unerhört!

Der Vater verpflichtete für den Unterricht seiner Söhne Hauslehrer, damals Hofmeister genannt, die mehrfach wechselten. Der als junger Mann 1777 zu den Humboldts gekommene Johann Christian Kunth war ein Glücksfall für die Familie von Humboldt. Er war neuen Erziehungsmethoden zugeneigt, freisinnig, und er hatte Verbindungen zu den »Berliner Aufklärern«. Kunth hatte gute Umgangsformen, er war bewandert in alten und neuen Sprachen, so ergab sich ein gutes häusliches Klima im Schloß. Als der Vater überraschend im Jahre 1779 starb, die Söhne waren zwölf und zehn Jahre alt, übernahm Kunth auch die Betreuung der wirtschaftlichen Angelegenheiten, so daß er für die Erziehung, also für den eigentlichen Unterricht, nicht mehr genügend Zeit aufbringen konnte. Das hatte für die Söhne den Vorteil, nunmehr auch mit anderen Erziehern arbeiten zu können. Kunth konnte ihnen durch seine Kenntnis der Berliner Kreise gute Lehrer zuführen. Er selbst avancierte zum Oberhofmeister. An Umfang und Art der Erziehung änderte sich nichts. Es war der feste Wille der Mutter, und Kunth schloß sich ihr voll an, den Söhnen die beste Erziehung zuteil werden zu lassen. Sie sollten einmal in den Staatsdienst gehen und sich über die »*anderen erheben*«.

Zu Kunth sei schon vorweg erwähnt, daß er später, als die Erziehung der Söhne seine Zeit nicht mehr in Anspruch nahm, auf Empfehlung Wilhelm von Humboldts in den Staatsdienst kam, er wurde Mitarbeiter des Freiherrn von und zum Stein und hat als zuständiger Geheimer Oberregierungsrat die Gewerbefreiheit gefördert.

Alexander war in jungen Jahren etwas kränklich, der Vater nahm ihn daher gern mit hinaus zu seinen Spaziergängen in die Tegeler Fluren und Forste. Nach dem Tode des Vaters suchte er oft die Nähe von Natur, Feld und den Wald, dies um so mehr, als er im Hause bei der Mutter nicht die Wärme fand, nach der er sich als Kind sehnte. Er brachte Blumen, Gräser und Pflanzen sowie Steine mit nach Hause, etikettierte sie, so daß er manchmal von Besuchern »der kleine Apotheker« genannt wurde. Er zeichnete gern, die Mutter förderte sein Zeichentalent, hängte seine Skizzen in ihrem Schlafzimmer auf, und schließlich bekam er bei dem bekannten Berliner Künstler Daniel Chodowiecki Unterricht. Seine Zeichnungen wurden später auch in die Akademie aufgenommen und im Katalog erwähnt. Seine Zeichenkunst war zu einer Zeit, die den Fotoapparat noch nicht kannte, bei seinen Forschungsreisen äußerst vorteilhaft, er gab seinen Kupferstechern immer sehr genaue Vorlagen. Bekannt ist auch sein Selbstbildnis, signiert: »Vor mir selbst im Spiegel. Paris 1814«. (Abb. 37)

Durch die Bekanntschaft des Oberhofmeisters Kunth mit dem Philosophen Moses Mendelssohn und dem Doktor Marcus Herz fanden die Brüder Zugang zu den jüdischen Zirkeln der Stadt. Besonders Alexander hatte Gefallen an den physikalischen Vorlesungen und Experimenten des Dr. Herz, der aus Königsberg (von Kant) nach Berlin gekommen war. Die Frau des Arztes, Henriette Herz, jung, klug und schön, versammelte in ihrem Salon Adlige und Bürgerliche, soweit sie sich für Literatur, Künste und Wissenschaften interessierten. Die Brüder Humboldt hatten besonders enge Beziehungen zu ihr, sie debattierten über persönliche Dinge, gesellschaftliche, künstlerische und soziale Fragen, sie führten auch einen lebhaften Briefwechsel. Sie pflegten aber auch Geselligkeit und Freundschaft mit den anderen Damen der Gesellschaft, mit Moses Mendelssohns Tochter Dorothea Veit, Rahel Levin-Varnhagen und anderen. Moses Mendelssohn hielt sonntags früh vor seinen Kindern religiöse und philosophische Vorträge oder führte Gespräche gleicher Art, die Brüder Humboldt haben sich oft an diesen Sonntagen dort eingefunden. Über diese Zeit, die die Brüder sehr formte, schreibt Hanno Beck in seiner Alexander-von-Humboldt-Biographie (3): »*Alexander war fröhlich in Gesellschaft, tanzte, charmierte, erlebte die Diskussionskunst seines Bruders und stand bald mit seiner Zungenfertigkeit nicht zurück ... Er war der Schönere der beiden Brüder und erfuhr nun erstmals, wie Frauen ihm Freundschaft entgegenbrachten und eine Herzlichkeit, die er zu Hause nicht kannte. Er schrieb Henriette ›schrecklich lange Briefe‹, nannte Tegel ›Schloß Langweil‹ und bediente sich der hebräisch-deutschen Schrift, die ihn die kluge Frau gelehrt hatte, damit die Mutter und Kunth nicht erführen, ›man unterhalte sich in Gesellschaft jüdischer Frauen besser als auf dem Schlosse der Ahnen‹. Solche Feststellungen waren damals für einen jungen Edelmann ›nicht ganz unbedenklich‹.*«

Da die Mutter und Kunth sich zum Ziel gesetzt hatten, die Brüder für den Staatsdienst auszubilden, gingen sie mit dem Oberhofmeister auf die Universität in Frankfurt an der Oder. Der ältere Wilhelm begann ein juristisches Studium, wozu aber Alexander nicht neigte. Er entschied sich für ein Studium der Kameralistik, der wirtschaftlichen Staatsverwaltung. Zum weiten

Bereich dieser Verwaltung gehörten das Berg- und Hüttenwesen, aber auch die Naturwissenschaften, zu denen sich Alexander besonders hingezogen fühlte. Das Studium verlief entsprechend den beiderseitigen Neigungen. Wilhelm schreibt seiner Freundin Henriette Herz, Alexander sei fleißig, obwohl er Langeweile habe, er laufe viel herum und mokiere sich über alles. Nach dem Frankfurter Halbjahr geht Wilhelm nach Göttingen zur Fortsetzung seines juristischen Studiums, Alexander fährt nach Tegel zurück, um in einer Studienpause seine Gesundheit zu stärken. Er beschäftigt sich in Tegel wieder mit der Botanik, lernt aber auch Sprachen. Schließlich kommt es zu einer bedeutsamen Bekanntschaft mit dem nur wenige Jahre älteren Botaniker Karl Ludwig Willdenow, der ihn in die Probleme der Pflanzengeographie einführt, die zum Hauptgebiet Alexanders werden sollte. Aber auch über die Beziehungen zwischen der Pflanzenvegetation und dem Klima sowie über »Wanderungen« der Pflanzen erhielt er Grunderkenntnisse von Willdenow. Sie botanisierten gemeinsam in der Umgebung von Tegel. Der Oberforstmeister von Burgsdorf hatte im Tegeler Forst eine Baumschule exotischer Arten angelegt, Alexander sah hier erstmals nordamerikanische Tannenarten.

Ostern 1789 geht Alexander für ein Jahr zu seinem Bruder nach Göttingen, der führenden Universität der Naturwissenschaften mit bedeutenden Gelehrten vieler Zweige dieser Wissenschaft, auch der Geographie. Alexander ist lernbegierig und wissensdurstig. Hier findet er Gelegenheit, nicht nur interessanten Vorlesungen beizuwohnen, sondern auch abends im Kreise von Wissenschaftlern viel zu diskutieren. Und aus Göttingen schreibt Wilhelm an Henriette Herz über seinen Bruder, »*er sei ein wackerer Junge, sein Herz erscheint oft boshaft, ist aber im Grunde gut, er sei eitel und habe die Sucht zu glänzen*«. In den Ferien macht er mit einem Freund die erste selbständige größere Reise, er wollte dabei auch den in Mainz lebenden Georg Forster kennenlernen, dessen

Bericht über die Reise mit seinem Vater und dem englischen Weltumsegler Cook ihn schon in Tegel so begeistert hatte. Die Stationen der Reise waren Heidelberg, Bruchsal, Mannheim, Mainz, Bonn, Düsseldorf und wieder Göttingen. Hierzu Meyer-Abich (2): »*Diese Ergebnisse seiner ersten Rheinreise schildert von Humboldt in seinem ersten selbständigen Buche, den »Mineralogischen Beobachtungen über einige Basalte am Rhein«, es erschien zu Ostern 1790 im Verlag seines alten Lehrers Campe. Charakteristisch schon in seinem ersten Buche ist für Humboldt, daß er sich in dieser geologischen Untersuchung nicht auf die unmittelbar einschlägigen mineralogischen Verhältnisse beschränkte, sondern auch die Botanik heranzog, indem er die charakteristische Flora am Hohen Meißner mit derjenigen der rheinischen Basalte verglich und die Analogien zwischen ihnen, die auf den gemeinsamen Vulkanismus deuteten, feststellte. Diese Art, universell zu forschen und sich nie auf ein einzelnes Fach zu beschränken, ist für Humboldt charakteristisch. Er war eben ein geborener Philosoph, auch wenn die eigentliche Fachphilosophie ihn nicht besonders interessierte.*«

Humboldt hatte sich mit Georg Forster angefreundet, der sein Lehrer, Freund und Vorbild wurde. Daher unternahmen sie gemeinsam im Sommer 1790 eine Reise von Mainz über Belgien und Holland nach England. Sie hatten beide dieselben Interessen, und Alexander von Humboldt erkannte mit Georg Forster die Schönheit des Reisens. Dazu Herbert Scurla in »Alexander von Humboldt« (4): »*Als Natur begriff Alexander weniger die Stoffe und die Kräfte, mit denen sich Physiker und Chemiker auseinandersetzten, als vielmehr das organische Leben in der Mannigfaltigkeit seiner Erscheinungen. Das Unerforschte, das noch Fremde war vor allem auch das Ferne, die Ferne. Göttingen bot ihm Wissen, aber nicht richtungsweisendes Erlebnis. Nicht Abenteuerlust, sondern echter Forscherdrang veranlaßten ihn, aus der Enge der heimischen Verhältnisse nach der Weite des Erdballs Ausschau zu halten, um das*

Ganze zu überblicken. Niemand war geeigneter, dieser Mischung von Romantik und Realismus kräftigere Nahrung zuzuführen als Johann Georg Forster.«

Das erfolgreiche Göttinger Jahr mit seinen abendlichen Diskussionen und Reisen war vorüber, die Mutter und Kunth drängten auf eine zielgerichtete weitere Ausbildung, das hieß: auf ein wirtschaftliches Studium. So ging Alexander im Sommer 1790 nach Hamburg an die Handelsakademie von Busch, stürzte sich in das neue Fach, lernte Wirtschaftsgeographie, aber auch nordische Sprachen und Spanisch, was ihm später sehr nützen sollte. Wieder in Tegel, wurde nun doch seiner Neigung entsprochen, er konnte sich beim Preußischen Staat um eine Einstellung beim Bergbau-Department bewerben. Er bekam die Anstellung als Assessor und nahm die Studien im Sommer 1791 an Deutschlands bekanntester und führender Bergbau-Akademie in Freiberg in Sachsen auf. Leiter war der bekannte Mineraloge und Begründer der modernen Geologie, Abraham Gottlob Werner. Die Tage waren mit viel Arbeit ausgefüllt: Von 6 bis 12 Uhr Arbeit und Studium in der Grube, dann Theorie, und abends beschäftigte er sich mit Botanik. Ende März 1792 verläßt er Freiberg, um in Berlin den Erlaß seines Ministers von Heinitz in Empfang zu nehmen:»*Seine Majestät ... hat beschlossen, die Kenntnisse, welche der Alexander von Humboldt in den Fächern Mathematik, Physik, Naturgeschichte, Chemie, Technologie, Bergwerks-, Hütten- und Handelskunde sich theoretisch und praktisch erworben, bei allerhöchstihrigen Berg- und Hüttendiensten zu benutzen und denselben zu dem Zwecke bei der Bergwerks- und Hüttenadministration als Assessor cum voto einzustellen.*«

Er bleibt ein Jahr in Berlin, macht eine Studienreise nach Bayern, Österreich, Polen und kehrt über Breslau nach Berlin zurück. Im Juni 1793 wird er in die Bergwerksverwaltung für die zu Preußen gefallenen Fürstentümer Bayreuth und Ansbach versetzt und bald danach zum Oberbergmeister ernannt. Er nimmt Wohnung in Steben, um in der Nähe der Gruben sein zu können. Das Königreich Preußen besetzte die Verwaltung für neu hinzugekommene Gebiete stets mit fähigen sogenannten Provinzialministern. Für Bayreuth-Ansbach war es der aus dem markgräflichen Dienst übernommene Freiherr von Hardenberg, somit Humboldts Vorgesetzter, mit dem er gut zusammenarbeitete. Ebensogut verstand er sich mit dem Reichsfreiherrn von und zum Stein, der als Oberbergrat in der Berliner Verwaltung tätig war. Alexander arbeitete angestrengt, es gelang ihm, die Zustände in den Gruben zu verbessern, die Erträge bedeutend zu steigern. Er verbesserte aber auch die Arbeitsverhältnisse der Knappen, erfand eine sichere Grubenleuchte und richtete in Steben und später auch in Wunsiedel auf eigene Kosten bergmännische Freischulen ein. Als der Minister ihm die Kosten erstatten wollte, schrieb er ihm, er möge das Geld den am Gedeihen der Schulen beteiligten Bergleuten zukommen lassen. Bei Scurla heißt es (4): »*Humboldt wurde zum Freund der Bevölkerung in den entlegenen Bergbaubezirken Frankens.*« In einem Brief Humboldts vom 10. 6. 1794 schreibt er: »*Das allgemeine Vertrauen, das der gemeine Bergmann mir entgegenbringt, macht mir meine Arbeit lieb.*« Und am 17. 7. 1793: »*Das Vertrauen der Menschen habe ich, man glaubt, daß ich acht Beine und vier Hände habe, und das ist bei meiner Lage unter so faulen Offizianten schon sehr gut.*«

Aber auch die geologischen Erscheinungen interessierten ihn sehr, alles was unter und auf der Erde zu beobachten ist, wird gewissenhaft beachtet, vermessen, gezeichnet und notiert. Er veröffentlicht Beiträge in den bergmännischen, chemischen und physikalischen Fachzeitschriften. Am 20. 6. 1793 wird er zum Mitglied der Leopoldinisch-Carolinischen Deutschen Akademie der Naturforscher ernannt. Es erscheint (in Lateinisch, wie üblich) sein Buch »*Florae Fribergensis specimen . . .*« (Flora der kryptogamischen Gewächse der Freiberger Gegend). Er wurde nun der Fachwelt bekannt, auch Johann Wolfgang von Goethe las seine Veröffentlichungen.

Wilhelm von Humboldt war seit Juni 1791 mit Caroline von Dacheröden verheiratet, war aus dem preußischen Staatsdienst ausgeschieden und widmete sich privaten Sprachstudien. Er lebte auf den Gütern der Familie seiner Frau in Thüringen, hielt sich dann aber überwiegend in Jena auf, weil er dort seine Studien am besten durchführen konnte und einen Kreis gelehrter Freunde vorfand. Bei einem Besuch Alexander von Humboldts in Jena kam es auch zur Bekanntschaft mit Schiller und Goethe, mit dem letzteren entstand eine das ganze Leben andauernde Freundschaft.

Die beiden letzten Jahre in Franken sind mit Reisen ausgefüllt, Humboldt war inzwischen zum Bergrat, ein Jahr darauf zum Oberbergrat ernannt worden. Die Reisen: Zuerst ging es mit seinem Freunde von Haeften nach Oberitalien und in die Schweiz, danach mit von Hardenberg zu einer diplomatischen Mission in das Rheinland und nach Brabant, schließlich nochmals zu einer diplomatischen Mission zum Fürsten von Hohenlohe, dem er bei den Verhandlungen mit einem französischen Revolutionsheer Assistenz geben soll, da die Gefahr bestand, daß preußisches Gebiet in Mitleidenschaft gezogen werden könnte.

In einem Brief urteilt sein Bruder Wilhelm über den 24jährigen Bruder (5): »*Ich halte ihn unbedingt und ohne alle Ausnahme für den größten Kopf, der mir je aufgestoßen ist. Er ist gemacht, Ideen zu verbinden, Ketten von Dingen zu erblicken, die Menschenalter hindurch ohne ihn unentdeckt geblieben wären. Ungeheure Tiefe seines Denkens, unerreichbarer Scharfblick und die seltenste Schnelligkeit der Kombination, welches alles sich in ihm mit eisernem Fleiß, ausgebreitetster Gelehrsamkeit und unbegrenztem Forschungsgeist verbindet, müssen Dinge hervorbringen, die jeder*

andere Sterbliche sonst unversucht lassen müßte . . .« Alexander von
Humboldt ist in eine Zeit des Umbruchs des wissenschaftlichen
Denkens hineingeboren. Karl F. Kohlenberg drückt das in
seinem Werk »Alexander von Humboldt« so aus (6): »*Es waren
die großen neuen Ideen der Zeit, die das Denken Alexanders anders
befruchteten und von ihm wiederum durch eigene Ansichten und
Erfahrungen bereichert wurden – der Humanismus Goethes, das
Aufblühen der Naturwissenschaften, Kants physische Geographie,
Cuviers Katastrophenlehre, der Gegensatz zwischen Entwicklungs-
theorie und biblischer Schöpfungsgeschichte, zwischen Vitalisten
und Mechanisten. Die Welt erschien in gänzlich neuer Sicht, das
Blickfeld weitete sich. Und so waren unter anderem auch die Reisen
von Cook und Bougainville und deren Ergebnisse im Munde aller
Gebildeten. So stand es für Alexander von Anfang an fest, er wollte
Naturforscher werden.*«

Seine Dienstzeit in Bayreuth-Ansbach soll zu Ende gehen, sein
Minister von Heinitz, dem die Fähigkeit nachgesagt wird, daß er
einen Blick für hervorragende Nachwuchskräfte hat, ist seit langem
durch seine Erfolge in Franken und durch seine Veröffentlichungen
auf Alexander von Humboldt aufmerksam geworden. Er bietet ihm
die Leitung der schlesischen Bergwerks- und Hüttenverwaltung an,
auch ein weit höheres Gehalt und die Möglichkeit, Dienstreisen zu
unternehmen. Humboldt aber antwortet hinhaltend und verweist
auf sein immer geplantes weiteres Studium der Naturwissenschaften in Verbindung mit einer Weltreise.

Da tritt durch den Tod der Mutter am 19. 11. 1796 eine
völlig neue Lage ein. Die Brüder Humboldt erben ein großes
Vermögen, und Alexander, der auf Grund und Boden, Häuser und
auf Schloß Tegel verzichtet, erhält seinen Anteil in der Hauptsache
in Form von Pfandverschreibungen und anderen Papieren. Der
Oberhofmeister Kunth verwaltet das Vermögen und führt später
die endgültige Erbteilung durch.

Es kommt zu einer Trennung vom Preußischen Staat, die bei Humboldt rein persönliche Gründe hatte: Er wollte völlig unabhängig seinen persönlichen Neigungen nachgehen können, wollte reisen, möglichst in tropische Gegenden. Politisch neigte Alexander von Humboldt zu einer liberal-konservativen Auffassung. Er war sozialen Fragen gegenüber stets aufgeschlossen, was er durch sein Handeln und in seinen Schriften mehrfach bezeugt hatte. Meyer-Abich hierzu (2): »*Humboldt war ein preußischer Beamter in der besten Tradition dieses Dienstes im 19. Jahrhundert*« und weiter: »*Die Republik, der Humboldt angehörte, war die übernationale Republik der Gelehrten, und die ist immer mit allen Staatsformen verträglich gewesen.*«

Nun liegt die Welt offen vor Alexander von Humboldt, er ist unabhängig, jetzt auch in finanzieller Hinsicht, und es fehlt ihm nicht an Plänen. Während dieser Zeit der Reisevorbereitungen hielt er sich anfangs in Jena, dann in Wien und schließlich in Salzburg auf. Er nutzt die Zeit, mit seinem Freund, dem Geologen Leopold von Buch, geologische Studien zu treiben. Beide vertraten die vulkanistische Theorie, wobei sich Alexander von Humboldt immer mehr in Gegensatz zu Goethe begab.

Im Herbst 1797 siedelte der Bruder Wilhelm mit Familie nach Paris über, und so reiste Alexander von Humboldt seinem Bruder im April 1798 dorthin nach. Wie schon in Göttingen und Jena konnte Wilhelm mit seiner Frau den Bruder und Schwager schnell in die Pariser Gesellschaft einführen. Alexander von Humboldt war überrascht über den hohen Stand der Wissenschaften in Paris, aber auch über die hohe Qualität der dortigen Handwerker, bei denen er sein Reiseforschungsinstrumentarium noch verbessern und ergänzen konnte. Er war den Wissenschaftlern in Paris durch seine Arbeiten zwar schon bekannt, jedoch konnte er Willdenow erstaunt berichten: »*In Paris wurde ich aufgenommen, wie ich es nicht erwarten durfte.*« Das Nationalinstitut lud ihn zu einem Vortrag ein. Dieser Aufenthalt in Paris war für ihn schicksalhaft in zweifacher Hinsicht: Erstens lernte er dort den französischen Arzt Bonpland kennen, der sein geschätzter Reisegefährte wurde, zweitens aber war die Verbindung zu seinen französischen Wissenschaftler-Kollegen so eng geworden, daß er nach seiner Rückkehr aus Amerika wieder in Paris Wohnung nahm und dort bis zu seiner Umsiedlung nach Berlin im Jahre 1827 blieb, wenn dieser Aufenthalt auch mehrfach durch die verschiedensten Reisen unterbrochen wurde.

Sein Ziel war Westindien, davon hatte er schon in Tegel geträumt, er wollte in die Tropen. Eine Begegnung mit westindischen Studienfreunden gab jetzt endgültig diese Bestimmung des Reiseziels. Um den »alten« Begriff Westindien zu definieren, stellt Hanno Beck (3) klar: »*Man verstand damals unter Westindien nicht nur die Inselwelt des Karibischen Meeres, sondern rechnete auch die angrenzenden Küstenländer – Florida, Mexiko, Mittelamerika, das heutige Kolumbien, Venezuela und die drei Guayanas – hinzu. Der Begriff Westindien hatte sogar einstmals die Gesamtheit Nord-, Mittel- und Südamerikas bezeichnet, und zwar in dem Augenblick, als das wahre Indien in seiner räumlichen Lage hervortrat und als ›Ostindien‹ abgegrenzt werden mußte . . . Humboldt folgte dem alten und neuen Sprachgebrauch und entschied sich erst später zu einer klaren Trennung . . . Die genaue Untersuchung ergab, daß er seine Vorbereitungen vor allem auf das andine, tropische und subtropische Südamerika abstellte.*«

Humboldt machte Pläne und setzte seine Reisevorbereitungen fort, in der Hauptsache beschäftigte er sich mit der Auswahl, der Beschaffung und der Verbesserung seines Instrumentariums, er wollte nur das Beste und das Sicherste mitnehmen. Bei den langen Aufenthalten in Jena hat er nicht nur seine Beziehungen zu Goethe vertieft, er hat auch astronomische Studien mit von Zach zur Einübung in die exakte geographische Ortsbestimmung betrieben. Leider zerschlugen sich viele der geplanten Reisen, so zum Beispiel wollte er die italienischen Vulkane untersuchen, aber hier machten die Kriegswirren alle Pläne zunichte. Ähnlich war es mit einer ägyptischen Reise. Dann gab es bei der mit einer schwedischen Fregatte geplanten Reise nach Nordafrika einen Ausfall, da das Schiff im Sturm auf See so schwer beschädigt wurde, daß die Reparatur einen Zeitraum von mehreren Monaten beanspruchte.

Alexander von Humboldt verabredete sich für seine große Reise mit dem französischen Arzt Bonpland, der vier Jahre jünger als er war. Beim Abschluß seines Arztstudiums bekam er die beste Note im Fach Botanik. Humboldt findet in ihm einen treuen Freund und wertvollen Mitarbeiter. Bonpland reiste als sein Assistent, die Kosten für die gemeinsame Reise trägt allein Alexander von Humboldt. Sie beschlossen schließlich nach dem Scheitern vieler Reisepläne zu versuchen, von Spanien aus nach Süd- und Mittelamerika zu gelangen, in das sogenannte »Spanische Amerika«. Zuvor mußte Alexander von Humboldt sich noch die benötigten Geldmittel beschaffen.

In der im Frühjahr 1984 in Berlin veranstalteten Mendelssohn-Schau »Die Mendelssohns in Berlin. Eine Familie und ihre Stadt« in der Staatsbibliothek Preußischer Kulturbesitz war aus Papieren zu ersehen, daß der Sohn Moses Mendelssohns, Joseph, geboren in Berlin im Jahr 1770, also ein Jahr jünger als Alexander, 1795 ein Bankgeschäft – damals Handlung genannt – eröffnet hatte. In Bezug auf die Finanzierung der Reise Alexander von Humboldts heißt es in einer Erläuterung: »*Joseph Mendelssohn zögerte 1799 nicht, Alexander von Humboldt für dessen Aufenthalt in Spanien einen Kredit ohne Pfand und Bürgschaft einzuräumen, den eine andere Berliner Bank dem jungen Forscher verweigert hatte. Seit dieser Zeit lassen sich Finanzgeschäfte Mendelssohns für den Jugendfreund belegen.*«

Mit frohem Mut und Energie soll es nun nach Madrid gehen, Humboldt hat keinen Zweifel am Erfolg seiner Absichten. Zur Person schreibt Botting in seinem Buch »Alexander von Humboldt« (7): »*Er war schon damals eine gewinnende Persönlichkeit, mit jener Art von Charisma begabt, die es schwierig machte, ihn sogar in einem überfüllten Raum zu übersehen. Er sah gut aus, war anziehend für Männer und Frauen und ein ausgezeichneter Unterhalter. In der Gesellschaft war er beliebt, und obwohl seine Manieren nicht immer unantastbar gewesen sind, zeigte er sich stets als heiterer und unternehmungslustiger Begleiter. Er war ehrgeizig und trieb sich selbst schonungslos an. Er konnte sich für Dinge, die ihn interessierten, ungemein begeistern, war außerordentlich arbeitsfreudig und besaß ein so umfassendes Wissen, das alle, die es erkannten, staunen machte.*«

Da beide Forscher zeitlich nicht gebunden sind, lassen sie sich für die Reise von Marseille nach Madrid viel Zeit, nehmen viele Messungen und Beobachtungen vor, so daß sie wertvolle Daten über Spanien erhielten. – Viele Jahre später, erst 1825, hat Alexander von Humboldt mit diesen Daten über das Hochland der Iberischen Halbinsel eine Arbeit veröffentlicht.

Wenn im folgenden Kapitel der Originaltext des »Reisewerks« (1) gebracht wird, so erfolgt dies durch eine entsprechende Kennzeichnung. Erläuterungen, Ergänzungen und neuere Erkenntnisse sind mit dem Vermerk »Anmerkungen« gekennzeichnet.

Kapitel II

Forschungsreise (Teneriffa)

Reisewerk:

Die Abschnitte »Reisewerk« enthalten Originalzitate aus
Humboldts Werk: »Reise in die Aequinoctial-Gegenden
des neuen Continents« (Cotta, Stuttgart 1861)

Zu Madrid angelangt, fand ich bald Ursache,
mir Glück dazu zu wünschen, daß wir uns entschlos-
sen, die Halbinsel zu besuchen. Der Baron Forell,
sächsischer Gesandter am spanischen Hofe, kam
mir auf eine Weise entgegen, die meinen Zwecken
sehr förderlich wurde. Er verband mit ausgebreiteten
mineralogischen Kenntnissen das regste Interesse für
Unternehmungen zur Förderung der Wissenschaft.
Er bedeutete mir, daß ich unter der Verwaltung eines
aufgeklärten Ministers, des Ritters Don Mariano
Luis de Urquijo, Aussicht habe, auf meine Kosten im
Inneren des spanischen Amerikas reisen zu dürfen.
Nach all den Widerwärtigkeiten, die ich erfahren,
besann ich mich keinen Augenblick, diesen Gedanken zu ergreifen.

Im März 1799 wurde ich dem Hofe von Aranjuez vorgestellt. Der König nahm mich äußerst wohlwollend auf. Ich entwickelte die Gründe, die mich bewogen, eine Reise in den neuen Kontinent und auf die Philippinen zu unternehmen, und reichte dem Staatssekretär eine darauf bezügliche Denkschrift ein. Der Ritter d'Urquijo unterstützte mein Gesuch und räumte alle Schwierigkeiten aus dem Wege. Der Minister handelte hierbei desto großmütiger, da ich in gar keiner persönlichen Beziehung zu ihm stand. Der Eifer, mit dem er fortwährend meine Absichten unterstützte, hatte keinen anderen Beweggrund als seine Liebe zu den Wissenschaften. Es wird mir zur angenehmen Pflicht, in diesem Werke der Dienste, die er mir erwiesen, dankbar zu gedenken.

Ich erhielt zwei Pässe, den einen vom ersten Staatssekretär, den anderen vom Rat von Indien. Nie war einem Reisenden mit der Erlaubnis, die man ihm erteilte, mehr zugestanden worden, nie hatte die spanische Regierung einem Fremden größeres Vertrauen bewiesen. Um alle Bedenken zu beseitigen, welche die Vizekönige oder Generalkapitäne, als Vertreter der königlichen Gewalt in Amerika, hinsichtlich des Zweckes und Wesens meiner Beschäftigungen erheben konnten, hieß es im Paß der *primera secretaria de estado*: »ich sei ermächtigt, mich meiner physikalischen und geodätischen Instrumente mit voller Freiheit zu bedienen; ich dürfe in allen spanischen Besitzungen astronomische Beobachtungen anstellen, die Höhen der Berge messen, die Erzeugnisse des Bodens sammeln und alle Operationen ausführen, die ich zur Förderung der Wissenschaft gut finde«. Diese Befehle von seiten des Hofes wurden genau befolgt, auch nachdem infolge der Ereignisse Don d'Urquijo vom Ministerium hatte abtreten müssen. Ich meinerseits war bemüht, diese sich nie verleugnende Freundlichkeit zu erwidern. Ich übergab während meines Aufenthaltes in Amerika den Statthaltern der Provinzen Abschriften des von mir gesammelten Materials über die Geographie und Statistik der Kolonien, das dem Mutterlande von einigem Wert sein konnte. Dem von mir vor meiner Abreise gegebenen Versprechen gemäß übermachte ich dem naturhistorischen Kabinett zu Madrid mehrere geologische Sammlungen. Da der Zweck unserer Reise ein rein wissenschaftlicher war, so hatten Bonpland und ich das Glück, uns das Wohlwollen der Kolonisten wie der mit der Verwaltung dieser weiten Landstriche betrauten Europäer zu erwerben. In den fünf Jahren, während wir den neuen Kontinent durchzogen, sind wir niemals einer Spur von Mißtrauen begegnet. Mit Freude spreche ich es hier aus: unter den härtesten Entbehrungen, im Kampfe mit einer wilden Natur, haben wir uns nie über menschliche Ungerechtigkeit zu beklagen gehabt.

Wir verließen Madrid gegen die Mitte Mai. Wir reisten durch einen Teil von Altkastilien, durch das Königreich Leon und Galizien nach Coruña, wo wir uns nach der Insel Cuba einschiffen sollten.

In Coruña angelangt, fanden wir den Hafen von zwei englischen Fregatten und einem Linienschiff blockiert. Diese Fahrzeuge sollten den Verkehr zwischen dem Mutterlande und den Kolonien in Amerika unterbrechen; denn von Coruña, nicht von

Cadiz lief damals jeden Monat ein Paketboot (*Correo maritimo*) nach Havana aus und alle zwei Monate ein anderes nach Buenos Aires oder der Mündung des La Plata. Ich werde später den Zustand der Posten auf dem neuen Kontinent genau beschreiben; hier nur so viel, daß seit dem Ministerium des Grafen Florida Blanca der Dienst der »Landkuriere« so gut eingerichtet ist, daß einer in Paraguay oder in der Provinz Jaen de Bracamoros nur durch sie ziemlich regelmäßig mit einem in Neumexiko oder an der Küste von Neukalifornien korrespondieren kann, also so weit, als es von Paris nach Siam oder von Wien an das Kap der Guten Hoffnung ist. Ebenso gelangt ein Brief, den man in einer kleinen Stadt in Aragonien zur Post gibt, nach Chile oder in die Missionen am Orinoko, wenn nur der Name des Corregimiento oder Bezirkes, in dem das betreffende indianische Dorf liegt, genau angegeben ist. Mit Vergnügen verweilt der Gedanke bei Einrichtungen, die für eine der größten Wohltaten der Kultur der neueren Zeit gelten können. Die Einrichtung der Kuriere zur See und im inneren Lande hat das Band zwischen den Kolonien unter sich und mit dem Mutterlande enger geknüpft. Der Gedankenaustausch wurde dadurch beschleunigt, die Beschwerden der Kolonisten drangen leichter nach Europa, und die Staatsgewalt konnte hin und wieder Bedrückungen ein Ende machen, die sonst aus so weiter Ferne nie zu ihrer Kenntnis gelangt wären.

Der Minister hatte uns ganz besonders dem Brigadier Don Rafael Clavijo empfohlen, der seit kurzem die Oberaufsicht über die Seeposten hatte. Dieser Offizier, bekannt als ausgezeichneter Schiffsbauer, war in Coruña mit der Einrichtung neuer Werften beschäftigt. Er bot alles auf, um uns den Aufenthalt im Hafen angenehm zu machen, und gab uns den Rat, uns auf der Korvette **Pizarro** einzuschiffen, die nach Havana und Mexiko ging. Dieses Fahrzeug, das die Post für Juni an Bord hatte, sollte mit der Alcudia segeln, dem Paketboot für den Mai, das wegen der Blockade seit drei Wochen nicht hatte auslaufen können. Der Pizarro galt für keinen guten Segler, aber durch einen glücklichen Zufall war er vor kurzem auf seiner langen Fahrt von Rio de la Plata nach Coruña den kreuzenden englischen Fahrzeugen entgangen. Clavijo ließ an Bord der Korvette Einrichtungen treffen, daß wir unsere Instrumente aufstellen und während der Überfahrt unsere chemischen Versuche über die atmosphärische Luft vornehmen konnten. Der Kapitän des Pizarro erhielt Befehl, bei Teneriffa so lange anzulegen, daß wir den Hafen von Orotava besuchen und den Gipfel des Teide besteigen könnten.

Die Einschiffung verzögerte sich nur zehn Tage, dennoch kam uns der Aufenthalt gewaltig lang vor. Wir benutzten die Zeit, die Pflanzen einzulegen, die wir in den schönen, noch von keinem Naturforscher betretenen Tälern Galiziens gesammelt; wir untersuchten die Tange und Weichtiere, welche die Flut von Nordwest her in Menge an den Fuß des steilen Felsens wirft, auf dem der Wachtturm des Herkules steht. Wir benutzten den Aufschub, um an unsere Freunde in Deutschland und Frankreich zu schreiben. Der Augenblick, wo man zum erstenmal von

Europa scheidet, hat etwas Ergreifendes. Wenn man sich noch so bestimmt vergegenwärtigt, wie stark der Verkehr zwischen beiden Wehen ist, wie leicht man bei den großen Fortschritten der Schiffahrt über den Atlantischen Ozean gelangt, der, der Südsee gegenüber, ein nicht sehr breiter Meeresarm ist, das Gefühl, mit dem man zum erstenmal eine weite Seereise antritt, hat immer etwas tief Aufregendes. Es gleicht keiner der Empfindungen, die uns von früher Jugend auf bewegt haben. Getrennt von den Wesen, an denen unser Herz hängt, im Begriff, gleichsam den Schritt in ein neues Leben zu tun, ziehen wir uns unwillkürlich in uns selbst zusammen, und über uns kommt ein Gefühl des Alleinseins, wie wir es nie empfunden.

Getrennt von unseren Instrumenten, die sich an Bord der Korvette befanden, brachten wir noch zwei Tage in Coruña zu. Ein dichter Nebel, der den Horizont bedeckte, verkündete endlich die sehnlich erwartete Änderung des Wetters. Am 4. Juni abends drehte sich der Wind nach Nordost, welche Windrichtung an der Küste von Galizien in der schönen Jahreszeit für sehr beständig gilt. Am fünften ging der Pizarro wirklich unter Segel, obgleich wenige Stunden zuvor die Nachricht angelangt war, eine englische Eskadre sei vom Wachtposten Sisarga signalisiert worden und scheine nach der Mündung des Tajo zu segeln. Die Leute, welche unsere Korvette die Anker lichten sahen, äußerten laut, ehe drei Tage vergehen, seien wir aufgebracht und mit dem Schiffe, dessen Los wir teilen müßten, auf dem Wege nach Lissabon. Diese Prophezeihung beunruhigte uns um so mehr, als wir in Madrid Mexikaner kennengelernt hatten, die sich dreimal in Cadiz nach Veracruz eingeschifft hatten, jedesmal aber fast unmittelbar vor dem Hafen aufgebracht worden und über Portugal nach Spanien zurückgekehrt waren.

Um zwei Uhr nachmittags war der Pizarro unter Segel. Der Kanal, durch den man aus dem Hafen von Coruña fährt, ist lang und schmal; da er sich gegen Nord öffnet und der Wind uns entgegen war, mußten wir acht kleine Schläge machen, von denen drei so gut wie verloren waren. Gewendet wurde immer äußerst langsam, und einmal, unter dem Fort St. Amarro, schwebten wir in Gefahr, da uns die Strömung sehr nahe an die Klippen trieb, an denen sich das Meer mit Ungestüm bricht. Unsere Blicke hingen am Schloß St. Antonio, wo damals der unglückliche Malaspina als Staatsgefangener saß. Im Augenblick, da wir Europa verließen, um Länder zu besuchen, welche dieser bedeutende Forscher mit so vielem Erfolg bereist hat, hätte ich mit meinen Gedanken gern bei einem minder traurigen Gegenstande verweilt.

Um sechseinhalb Uhr kamen wir am Turm des Herkules vorüber, der Coruña als Leuchtturm dient und auf dem man seit den ältesten Zeiten ein Steinkohlenfeuer unterhält. Der Schein dieses Feuers steht in schlechtem Verhältnis mit dem schönen, stattlichen Bauwerk; es ist so schwach, daß die Schiffe es erst gewahr werden, wenn sie bereits Gefahr laufen zu stranden. Bei Einbruch der Nacht wurde die See sehr unruhig und der Wind bedeutend frischer. Wir steuerten gegen Nordwest, um nicht den englischen

Fregatten zu begegnen, die, wie man glaubte, in diesen Strichen kreuzten. Gegen neun Uhr sahen wir das Licht in einer Fischerhütte von Sisarga, das letzte, was uns von der Küste von Europa zu Gesicht kam. Mit der zunehmenden Entfernung verschmolz der schwache Schimmer mit dem Licht der Sterne, die am Horizont aufgingen, und unwillkürlich blieben unsere Blicke daran hängen. Dergleichen Eindrücke vergißt einer nie, der in einem Alter, wo die Empfindung noch ihre volle Tiefe und Kraft besitzt, eine weite Seereise angetreten hat. Welche Erinnerungen werden in der Einbildungskraft wach, wenn so ein leuchtender Punkt in finsterer Nacht, der von Zeit zu Zeit aus den bewegten Wellen aufblitzt, die Küste des Heimatlandes bezeichnet!

Wir mußten die oberen Segel einziehen. Wir segelten zehn Knoten in der Stunde, obgleich die Korvette nicht zum Schnellsegeln gebaut war. Um sechs Uhr morgens wurde das Schlingern so heftig, daß die kleine Bramstange brach. Der Unfall hatte indessen keine schlimmen Folgen. Wir brauchten zur Überfahrt von Coruña nach den Kanarien dreizehn Tage, und dies war lang genug, um uns in so stark befahrenen Strichen wie die Küsten von Portugal der Gefahr auszusetzen, auf englische Schiffe zu stoßen. Die ersten drei Tage zeigte sich kein Segel am Horizont, und dies beruhigte nachgerade unsere Mannschaft, die sich auf kein Gefecht einlassen konnte.

Am 7. liefen wir über den Parallelkreis von Kap Finisterre. Die Gruppe von Granitfelsen, die dieses Vorgebirge wie das Vorgebirge Torianes und den

Berg Corcubion bilden, heißt Sierra de Toriñona. Das Kap Finisterre ist niedriger als das Land umher, aber die Toriñona ist auf hoher See 76,5 km weit sichtbar, woraus folgt, daß die höchsten Gipfel derselben nicht unter 582 m hoch sein können.

Am 8. bei Sonnenuntergang wurde von den Masten ein englischer Konvoi signalisiert, der gegen Südost an der Küste hinsteuerte. Ihm zu entgehen, wichen wir die Nacht hindurch aus unserem Kurs. Damit durften wir in der großen Kajüte kein Licht mehr haben, um nicht von weitem bemerkt zu werden. Diese Vorsicht, die an Bord aller Kauffahrer beobachtet wird und in dem Reglement für die Paketboote der königlichen Marine vorgeschrieben ist, brachte uns tödliche Langeweile auf den vielen Überfahrten, die wir in fünf Jahren zu machen hatten. Wir mußten uns fortwährend der Blendlaternen bedienen, um die Temperatur des Meerwassers zu beobachten oder an der Teilung der astronomischen Instrumente die Zahlen abzulesen. In der heißen Zone, wo die Dämmerung nur wenige Minuten dauert, ist man unter diesen Umständen schon um sechs Uhr abends außer Tätigkeit gesetzt. Dies war für mich um so verdrießlicher, als ich vermöge meiner Konstitution nie seekrank wurde und, so oft ich an Bord eines Schiffes war, immer großen Trieb zur Arbeit fühlte.

Der Pizarro hatte Befehl, bei der Insel Lanzarote, einer der sieben großen Kanarien, anzulegen, um sich zu erkundigen, ob die Engländer die Reede von Santa Cruz auf Teneriffa blockierten. Seit dem 15. Juni war man im Zweifel, welchen Weg man einschlagen sollte. Endlich am 16. Juni, bei niedriger stehender Sonne, lag die Insel Lanzarote so deutlich vor uns, daß ich den Höhenwinkel eines Kegelberges messen konnte, der majestätisch die anderen Gipfel überragt und den wir für den großen Vulkan hielten, der in der Nacht vom ersten September 1730 so große Verwüstungen angerichtet hat.

Die Strömung trieb uns schneller gegen die Küste, als wir wünschten. Im Hinfahren sahen wir zuerst die Insel Fuerteventura, bekannt durch die vielen Kamele, die darauf leben, und bald darauf die kleine Insel Lobos im Kanal zwischen Fuerteventura und Lanzarote.

Am 17. morgens war der Horizont neblig und der Himmel leicht umzogen. Desto schärfer traten die Berge von Lanzarote in ihren Umrissen hervor. Die Feuchtigkeit erhöht die Durchsichtigkeit der Luft und rückt zugleich scheinbar die Gegenstände näher. Wir liefen, mit dem Senkblei in der Hand, durch den Kanal zwischen den Inseln Alegranza und Montaña Clara. Wir untersuchten den Archipel kleiner Eilande nördlich von Lanzarote. Inmitten dieses Archipels, den Schiffe, die nach Teneriffa gehen, selten befahren, machte die Gestaltung der Küsten den eigentümlichsten Eindruck auf uns. Der ganze westliche Teil von Lanzarote, den wir in der Nähe sahen, hat ganz das Ansehen eines in neuester Zeit von vulkanischem Feuer verwüsteten Landes. Alles ist schwarz, dürr, von Dammerde entblößt. Wir erkannten mit dem Fernrohr Basalt in ziemlich dünnen, stark fallenden Schichten. Der »große Vulkan«, dessen wir oben erwähnt, und der bei den

Eingeborenen der Vulkan von **Temanfaya** heißt, verheerte das fruchtbarste und bestangebaute Gebiet; neun Dörfer wurden durch die Lavaströme völlig zerstört. Ein heftiges Erdbeben war der Katastrophe vorangegangen, und gleich starke Stöße wurden noch mehrere Jahre nachher gespürt.

Die Insel Lanzarote hieß früher **Titeroigotra**. Bei der Ankunft der Spanier zeichneten sich die Bewohner vor den anderen Kanariern durch Merkmale höherer Kultur aus. Sie hatten Häuser aus behauenen Steinen, während die Guanchen auf Teneriffa, als wahre Troglodyten, in Höhlen wohnten. Auf Lanzarote herrschte zu jener Zeit ein seltsamer Gebrauch, der nur bei den Tibetanern vorkommt. Eine Frau hatte mehrere Männer, welche in der Ausübung der Rechte des Familienhauptes wechselten. Der eine Ehemann war als solcher nur während eines Mondumlaufs anerkannt, sofort übernahm ein anderer das Amt und jener trat in das Hausgesinde zurück. Es ist zu bedauern, daß wir von den Geistlichen im Gefolge Johanns von Béthencourt, welche die Geschichte der Eroberung der Kanarien geschrieben haben, nicht mehr von den Sitten eines Volkes erfahren, bei dem so sonderbare Bräuche herrschten. Im fünfzehnten Jahrhundert bestanden auf der Insel Lanzarote zwei kleine voneinander unabhängige Staaten, die durch eine Mauer geschieden waren, dergleichen man auch in Schottland, in Peru und in China findet, Denkmäler, die den Nationalhaß überleben.

Wegen des Windes mußten wir zwischen den Inseln Alegranza und Montaña Clara durchfahren.

Da niemand am Bord der Korvette je in diesem Kanal gewesen war, so mußte das Senkblei ausgeworfen werden. Nach den Angaben eines alten portugiesischen Wegweisers meinte der Kapitän des Pizarro sich einem kleinen Fort nördlich von Teguise, dem Hauptort von Lanzarote, gegenüber zu befinden. Man hielt einen Basaltfelsen für ein Kastell, man salutierte es durch Aufhissen der spanischen Flagge und warf das Boot aus, um sich durch einen Offizier beim Kommandanten des vermeintlichen Forts erkundigen zu lassen, ob die Engländer in der Umgegend kreuzten. Wir wunderten uns nicht wenig, als wir vernahmen, daß das Land, das wir für einen Teil der Küste von Lanzarote gehalten, die kleine Insel Graciosa sei und daß es auf mehrere Kilometer in der Runde keinen bewohnten Ort gebe.

Wir benutzten das Boot, um ans Land zu gehen, das den Schlußpunkt einer weiten Bay bildete. Ganz unbeschreiblich ist das Gefühl des Naturforschers, der zum erstenmal einen außereuropäischen Boden betritt. Die Aufmerksamkeit wird von so vielen Gegenständen in Anspruch genommen, daß man sich von seinen Empfindungen kaum Rechenschaft zu geben vermag. Bei jedem Schritt glaubt man einen neuen Naturkörper vor sich zu haben, und in der Aufregung erkennt man häufig Dinge nicht wieder, die in unseren botanischen Gärten und naturgeschichtlichen Sammlungen zu den gemeinsten gehören. 200 m vom Ufer sahen wir einen Mann mit der Angelrute fischen. Man fuhr im Boot auf ihn zu, aber er ergriff die Flucht und versteckte sich hinter Felsen. Die Matrosen hatten

Mühe, seiner habhaft zu werden. Der Anblick der Korvette, der Kanonendonner am einsamen, jedoch zuweilen von Kapern besuchten Orte, das Landen des Bootes, alles hatte dem armen Fischer Angst eingejagt. Wir erfuhren von ihm, die kleine Insel Graciosa, an der wir gelandet, sei von Lanzarote durch einen engen Kanal, El Rio genannt, getrennt. Er erbot sich, uns in den Hafen Los Colorados zu führen, wo wir uns hinsichtlich der Blockade von Teneriffa erkundigen könnten; da er aber zugleich versicherte, seit mehreren Wochen kein Fahrzeug auf offener See gesehen zu haben, so beschloß der Kapitän, geradezu nach Santa Cruz zu steuern.

Am 19. morgens sahen wir den Berggipfel Naga (*Punta de Naga, Anaga* oder *Nago*), aber der Pic von Teneriffa blieb fortwährend unsichtbar. Das Land trat nur undeutlich hervor, ein dicker Nebel verwischte alle Umrisse. Als wir uns der Reede von Santa Cruz näherten, bemerkten wir, daß der Nebel, vom Winde getrieben, auf uns zukam. Das Meer war sehr unruhig, wie fast immer in diesen Strichen. Wir warfen Anker, nachdem wir mehrmals das Senkblei ausgeworfen; denn der Nebel war so dicht, daß man kaum auf ein paar Kabellängen sah. Aber eben, da man anfing den Platz zu salutieren, zerstreute sich der Nebel völlig, und da erschien der Pic des Teide in einem freien Stück Himmel über den Wolken, und die ersten Strahlen der Sonne, die für uns noch nicht aufgegangen war, beleuchteten den Gipfel des Vulkanes. Wir eilten eben aufs Vorderteil der Korvette, um dieses herrlichen Schauspieles zu genießen, da signalisierte man vier englische Schiffe, die ganz nahe an unserem Hinterteile auf der Seite lagen. Wir waren an ihnen vorbeigesegelt, ohne daß sie uns bemerkt hatten, und derselbe Nebel, der uns den Anblick des Pics entzogen, hatte uns der Gefahr entrückt, nach Europa zurückgebracht zu werden.

Alsbald hoben wir den Anker und der Pizarro näherte sich so viel möglich dem Fort, um unter den Schutz desselben zu kommen. Hier auf dieser Reede, als zwei Jahre vor unserer Ankunft die Engländer zu landen versuchten, riß eine Kanonenkugel Admiral Nelson den Arm ab (im Juli 1797). Der Generalstatthalter der Kanarischen Inseln schickte an den Kapitän der Korvette den Befehl, alsbald die Staatsdepeschen für die Statthalter der Kolonien, das Geld an Bord und die Post ans Land schaffen zu lassen. Die englischen Schiffe entfernten sich von der Reede; sie hatten tags zuvor auf das Paketboot Alcudia Jagd gemacht, das wenige Tage vor uns von Coruña abgegangen war. Es hatte in den Hafen von Palmas auf Canaria einlaufen müssen, und mehrere Passagiere, die in einer Schaluppe nach Santa Cruz auf Teneriffa fuhren, waren gefangen worden.

Die Lage dieser Stadt hat große Ähnlichkeit mit der von Guayra, dem besuchtesten Hafen der Provinz Caracas. An beiden Orten ist die Hitze aus denselben Ursachen sehr groß; aber von außen erscheint Santa Cruz trübseliger. Auf einem öden, sandigen Strande stehen blendend weiße Häuser mit platten Dächern und Fenstern ohne Glas vor einer schwarzen senkrechten Felsmauer ohne allen Pflanzenwuchs. Ein hübscher Hafendamm aus gehauenen Steinen und der öffentliche, mit Pappeln besetzte

Spaziergang bringen die einzige Abwechslung in das eintönige Bild. Von Santa Cruz aus nimmt sich der Pic weit weniger malerisch aus als im Hafen von Orotava. Dort ergreift der Gegensatz zwischen einer lachenden, reich bebauten Ebene und der wilden Physiognomie des Vulkanes. Von den Palmen- und Bananengruppen am Strande bis zu der Region der Arbutus, der Lorbeeren und Pinien ist das vulkanische Gestein mit kräftigem Pflanzenwuchs bedeckt. Man begreift, wie sogar Völker, welche unter dem schönen Himmel von Griechenland und Italien wohnen, im östlichen Teil von Teneriffa eine der glückseligen Inseln gefunden zu haben meinten. Die Ostküste dagegen, an der Santa Cruz liegt, trägt überall den Stempel der Unfruchtbarkeit. Der Gipfel des Pics ist nicht öder als das Vorgebirge aus basaltischer Lava, das der Punta de Naga zuläuft und wo Fettpflanzen in den Ritzen des Gesteines eben erst den Grund zu einstiger Dammerde legen. Im Hafen von Orotava erscheint die Spitze des Zuckerhutes unter einem Winkel von mehr als 16 1/2°, während auf dem Hafendamm von Santa Cruz der Winkel kaum 4° 36' beträgt.

Trotz diesem Unterschied, und obgleich am letzteren Orte der Vulkan kaum so weit über den Horizont aufsteigt als der Vesuv, vom Molo von Neapel aus gesehen, so ist dennoch der Anblick des Pics, wenn man ihn vor Anker auf der Reede zum erstenmal sieht, äußerst großartig. Wir sahen nur den Zuckerhut; sein Kegel hob sich vom reinsten Himmelsblau ab, während schwarze dicke Wolken den übrigen Berg bis auf 3500 m Höhe einhüllten.

Der Bimsstein, von den ersten Sonnenstrahlen beleuchtet, warf ein rötliches Licht zurück, dem ähnlich, das häufig die Gipfel der Hochalpen färbt. Allmählich ging dieser Schimmer in das blendendste Weiß über, und es ging uns wie den meisten Reisenden, wir meinten, der Pic sei noch mit Schnee bedeckt und wir werden nur mit großer Mühe an den Rand des Kraters gelangen können.

Lange und mit Ungeduld warteten wir auf die Erlaubnis von seiten des Statthalters, ans Land gehen zu dürfen. Nachdem die Leute, die zu uns an Bord gekommen waren, um sich nach politischen Neuigkeiten zu erkundigen, uns mit ihren vielerlei Fragen geplagt hatten, stiegen wir endlich ans Land. Das Boot wurde sogleich zur Korvette zurückgeschickt, weil die auf der Reede sehr gefährliche Brandung es leicht hätte am Hafendamm zertrümmern können. Das erste, was uns zu Gesicht kam, war ein hochgewachsenes, sehr gebräuntes, schlecht gekleidetes Frauenzimmer, das die **Capitana** hieß. Hinter ihr kamen einige andere in nicht anständigerem Aufzug; sie bestürmten uns mit der Bitte, an Bord des Pizarro gehen zu dürfen, was ihnen natürlich nicht bewilligt wurde. In diesem von Europäern so stark besuchten Hafen ist die Ausschweifung diszipliniert. Die Capitana ist von ihresgleichen als Anführerin gewählt, und sie hat große Gewalt über sie. Sie läßt nichts geschehen, was sich mit dem Dienst auf den Schiffen nicht verträgt, sie fordert die Matrosen auf, zur rechten Zeit an Bord zurückzukehren, und die Offiziere wenden sich an sie, wenn man fürchtet, daß sich einer von der Mannschaft versteckt habe, um auszureißen.

Santa Cruz de Teneriffa, das Añaza der Guanchen, ist eine ziemlich hübsche Stadt mit 8000 Einwohnern. Mir ist die Menge von Mönchen und Weltgeistlichen, welche die Reisenden in allen Ländern unter spanischem Zepter sehen zu müssen glauben, gar nicht aufgefallen. Ich halte mich auch nicht damit auf, die Kirchen zu beschreiben, die Bibliothek der Dominikaner, die kaum ein paar hundert Bände zählt, den Hafendamm, wo die Einwohnerschaft abends zusammenkommt, um der Kühle zu genießen, und das berühmte 10 m hohe Denkmal aus karrarischem Marmor, geweiht unserer lieben Frau von Candelaria, zum Gedächtnis ihrer wunderbaren Erscheinung zu Chimisay bei Guimar im Jahre 1392. Der Hafen von Santa Cruz (Abb. 7 und 8) ist eigentlich eine große Karawanserei auf dem Wege nach Amerika und Indien. Fast alle Reisebeschreibungen beginnen mit einer Beschreibung von Madeira und Teneriffa, und wenn die Naturgeschichte dieser Inseln der Forschung noch ein ungeheures Feld bietet, so läßt dagegen die Topographie der kleinen Städte Funchal, Santa Cruz, Laguna und Orotava fast nichts zu wünschen übrig.

Die Empfehlungen des Madrider Hofes verschafften uns auf den Kanarien, wie in allen anderen spanischen Besitzungen, die befriedigendste Aufnahme. Vor allem erteilte uns der Generalkapitän die Erlaubnis, die Insel zu bereisen. Der Oberst Armiaga, Befehlshaber eines Infanterieregiments, nahm uns in seinem Hause auf und überhäufte uns mit Höflichkeit. Wir wurden nicht müde, in seinem Garten im Freien gezogene Gewächse zu bewundern, die wir bis jetzt nur in Treibhäusern gesehen hatten, den Bananenbaum, den Melonenbaum, die *Poinciana pulcherrima* und andere. Am Abend machten wir eine botanische Exkursion nach dem Fort Passo Alto längs der Basaltfelsen, welche das Vorgebirge Naga bilden. Wir waren mit unserer Ausbeute sehr schlecht zufrieden, denn die Trockenheit und der Staub hatten die Vegetation so ziemlich vernichtet. *Cacalia Kleinia*, *Euphorbia canariensis* und sehr verschiedene andere Fettpflanzen, welche ihre Nahrung vielmehr aus der Luft als aus dem Boden ziehen, auf dem sie wachsen, mahnten uns durch ihren Habitus daran, daß diese Inseln Afrika angehören, und zwar dem dürrsten Striche dieses Festlandes.

Der Kapitän der Korvette hatte zwar Befehl, so lange zu verweilen, daß wir die Spitze des Pics besteigen könnten, wenn anders der Schnee es gestattete; man gab uns aber zu erkennen, wegen der Blockade der englischen Schiffe dürften wir nur auf einen Aufenthalt von vier, fünf Tagen rechnen. Wir eilten demnach, in den Hafen von Orotava zu kommen, der am Westabhang des Vulkanes liegt und wo wir Führer finden sollten. In Santa Cruz konnte ich niemanden auffinden, der den Pic bestiegen gehabt hätte, und ich wunderte mich nicht darüber. Die merkwürdigsten Dinge haben desto weniger Reiz für uns, je näher sie uns sind, und ich kannte Schaffhauser, welche den Rheinfall niemals in der Nähe gesehen hatten.

Am 20. Juni vor Sonnenaufgang machten wir uns auf den Weg nach Villa de la Laguna, die 682 m über dem Hafen von Santa Cruz liegt. Der

Weg nach Laguna hinauf läuft an der rechten Seite eines Baches oder **Barranco** hin, der in der Regenzeit schöne Fälle bildet; er ist schmal und vielfach gewunden. Nach meiner Rückkehr habe ich gehört, Herr von Perlasca habe hier eine neue Straße anlegen lassen, auf der Wagen fahren können. Bei der Stadt begegneten uns weiße Kamele, die sehr leicht beladen schienen. Diese Tiere werden vorzugsweise dazu gebraucht, die Waren von der Douane in die Magazine der Kaufleute zu schaffen. Man ladet ihnen gewöhnlich zwei Kisten mit Havanazucker auf, die zusammen 900 Pfund wiegen, man kann aber die Ladung bis auf 13 Zentner oder 52 kastilische Arrobas steigern. Auf Teneriffa sind die Kamele nicht sehr häufig, während ihrer auf Lanzarote und Fuerteventura viele Tausende sind. Die Inseln liegen Afrika näher und kommen daher auch in Klima und Vegetation mehr mit diesem Kontinent überein. Es ist sehr auffallend, daß dieses nützliche Tier, das sich in Südamerika fortgepflanzt, dies auf Teneriffa fast nie tut. Die Guanchen kannten sie nicht, und dies erklärt sich wohl leicht daraus, daß ein so gewaltiges Tier schwer auf schwachen Fahrzeugen zu transportieren ist, ohne daß man die Guanchen als die Überreste der Bevölkerung der Atlantis zu betrachten und zu glauben braucht, sie gehören einer anderen Rasse an als die Westafrikaner.

Der Hügel, auf dem die Stadt San Cristobal de la Laguna liegt, gehört dem System von Basaltgebirgen an, die, unabhängig vom System neuerer vulkanischer Gebirgsarten, einen weiten Gürtel um den Pic von Teneriffa bilden. Der Basalt von

Laguna ist nicht säulenförmig, sondern zeigt nicht sehr dicke Schichten, die nach Ost unter einem Winkel von 30-40 Grad fallen. Nirgends hat er das Ansehen eines Lavastroms, der an den Abhängen des Pics ausgebrochen wäre. Hat der gegenwärtige Vulkan diese Basalte hervorgebracht, so muß man annehmen, wie bei den Gesteinen, aus denen die Somma neben dem Vesuv besteht, daß sie infolge eines unterseeischen Ausbruchs gebildet sind, wobei die weiche Masse wirklich geschichtet wurde. Außer einigen baumartigen Euphorbien (*Cacalia Kleinia*) und Fackeldisteln (Cactus), welche auf den Kanarien wie im südlichen Europa und auf dem afrikanischen Festland verwildert sind, wächst nichts auf diesem dürren Gestein. Unsere Maultiere glitten jeden Augenblick auf stark geneigten Steinlagen aus. Indessen sahen wir die Überreste eines alten Pflasters. Bei jedem Schritt stößt man in den Kolonien auf Spuren der Tatkraft, welche die spanische Nation im sechzehnten Jahrhundert entwickelt hat.

Je näher wir Laguna kamen, desto kühler wurde die Luft, und dies tut um so wohler, da es in Santa Cruz zum Ersticken heiß ist. Da widrige Eindrücke unsere Organe stärker angreifen, so ist der Temperaturwechsel auf dem Rückweg von Laguna zum Hafen noch auffallender; man meint, man nähere sich der Mündung eines Schmelzofens. Die Hitze, welche dem Reisenden so lästig wird, wenn er Santa Cruz de Teneriffa oder Guayra betritt, ist daher wohl dem Rückprallen der Wärme vor den Felsen zuzuschreiben, an welche beide Städte sich lehnen (Abb. 9).

Die fortwährende Kühle, die in Laguna herrscht, macht die Stadt für die Kanarier zu einem köstlichen Aufenthaltsorte. Auf einer kleinen Ebene, umgeben von Gärten, am Fuße eines Hügels, den Lorbeeren, Myrten und Erdbeerbäume krönen, ist die Hauptstadt von Teneriffa wirklich ungemein freundlich gelegen. Laguna ist in seinem Wohlstand herabgekommen, seit die Seitenausbrüche des Vulkanes den Hafen von Garachico zerstört haben und Santa Cruz der Haupthandelsplatz der Inseln geworden ist; es zählt nur noch 9000 Einwohner, worunter gegen 400 Mönche in sechs Klöstern. Manche Reisende behaupten, die Hälfte der Bevölkerung bestehe aus Kuttenträgern. Die Stadt ist mit zahlreichen Windmühlen umgeben, ein Wahrzeichen des Getreidebaus in diesem hochgelegenen Striche. Ich bemerke bei dieser Gelegenheit, daß die nährenden Grasarten den Guanchen bekannt waren. Das Korn hieß auf Teneriffa *tano*, auf Lanzarote *triffa*; die Gerste hieß auf Canaria *aramotanoque*, auf Lanzarote *tamosen*. Geröstetes Gerstenmehl (*gofio*) und Ziegenmilch waren die vornehmsten Nahrungsmittel dieses Volkes, über dessen Ursprung so viele systematische Träumereien ausgeheckt worden sind. Diese Nahrung weist bestimmt daraufhin, daß die Guanchen zu den Völkern der Alten Welt gehörten, wohl selbst zur kaukasischen Rasse, und nicht, wie die anderen Atlanten, zu den Volksstämmen der Neuen Welt; die letzteren kannten vor der Ankunft der Europäer weder Getreide, noch Milch, noch Käse.

Eine Menge Kapellen, von den Spaniern *ermitas* genannt, liegen um die Stadt Laguna. Umgeben von immergrünen Bäumen auf kleinen Anhöhen, erhöhen diese Kapellen, wie überall, den malerischen Reiz der Landschaft. Das Innere der Stadt entspricht dem Äußeren durchaus nicht. Die Häuser sind solid gebaut, aber sehr alt und die Straßen öde. Der Botaniker hat übrigens nicht zu bedauern, daß die Häuser so alt sind. Dächer und Mauern sind bedeckt mit *Sempervivum canariense* und dem zierlichen *Trichomanes*, dessen alle Reisende gedenken; die häufigen Nebel geben diesen Gewächsen Unterhalt.

Anderson, der Naturforscher bei Capitän Cooks dritter Reise, gibt den europäischen Ärzten den Rat, ihre Kranken nach Teneriffa zu schicken, keineswegs aus der Rücksicht, welche manche Heilkünstler die entlegensten Bäder wählen läßt, sondern wegen der ungemeinen Milde und Gleichmäßigkeit des Klimas der Kanarien. Der Boden der Inseln steigt amphitheatralisch auf und zeigt, gleich Peru und Mexiko, wenn auch in kleinerem Maßstab, alle Klimate, von afrikanischer Hitze bis zum Froste der Hochalpen. Santa Cruz, der Hafen von Orotava, die Stadt desselben Namens und Laguna sind vier Orte, deren mittlere Temperaturen eine abnehmende Reihe darstellen. Das südliche Europa bietet nicht dieselben Vorteile, weil der Wechsel der Jahreszeiten sich noch zu stark fühlbar macht. Teneriffa, gleichsam an der Pforte der Tropen und doch nur wenige Tagereisen von Spanien, hat schon ein gut Teil der Herrlichkeit aufzuweisen, mit der die Natur die Länder zwischen den Wendekreisen ausgestattet. Im Pflanzenreich treten bereits mehrere der schönsten und großartigsten Gestalten auf, die

Bananen und die Palmen. Wer Sinn für Naturschönheiten hat, findet auf dieser köstlichen Insel noch kräftigere Heilmittel als das Klima. Kein Ort der Welt scheint mir geeigneter, die Schwermut zu bannen und einem schmerzlich ergriffenen Gemüte den Frieden wiederzugeben, als Teneriffa und Madeira. Und solches wirkt nicht allein die herrliche Lage und die reine Luft, sondern vor allem das Nichtvorhandensein der Sklaverei, deren Anblick einen in beiden Indien so tief empört, wie überall, wohin europäische Kolonisten ihre sogenannte Aufklärung und ihre Industrie getragen haben.

Anmerkungen:
Hier erscheint zum ersten Mal der Stadtname La Orotava. Dieser Name darf nicht verwechselt werden mit den oft wiederkehrenden Namen »Orotava Hafen« oder »Hafen von Orotava«. Im Jahre 1813 erfolgte schon die Trennung des Hafens von der Stadt, der Hafen wurde verselbständigt unter dem Namen Puerto de la Cruz. In der dieser Arbeit zugrunde gelegten Übersetzung des Reisewerks, 1861 erschienen, steht auf Seite 100 eine Fußnote, die erklärt, daß der im Text bezeichnete »Hafen von Orotava« Puerto de la Cruz ist. – In der ausgezeichneten Biographie von Hanno Beck (3) wird nicht unterschieden zwischen La Orotava und Hafen von Orotava, es heißt dort nur allgemein Orotava.

Reisewerk:
Im Winter ist das Klima von Laguna sehr neblig, und die Einwohner beklagen sich häufig über Frost. Man hat es indessen nie schneien sehen.

Wegen der Nähe des Meeres ist das Klima von Laguna im Winter milder, als es nach der Meereshöhe sein sollte. Herr Broussonet hat sogar, wie ich mit Verwunderung hörte, mitten in der Stadt, im Garten des Marquis von Nava, Brotfruchtbäume (*Artocarpus incisa*) und Zimtbäume (*Laurus cinnamomum*) angepflanzt. Diese köstlichen Gewächse der Südsee und Ostindiens wurden hier einheimisch, wie auch in Orotava. Sollte dieser Versuch nicht beweisen, daß der Brotfruchtbaum in Kalabrien, auf Sizilien und in Granada fortkäme? Der Anbau des Kaffeebaumes ist in Laguna nicht in gleichem Maße gelungen, wenn auch die Früchte bei Tegueste und zwischen dem Hafen von Orotava und dem Dorfe San Juan de la Rambla reif werden.

Es schneit zuweilen, wenn auch sehr selten, in Neapel, Lissabon, sogar in Malaga, also noch unter dem 37. Grad der Breite, und wie schon bemerkt, hat man Schnee in der Stadt Mexiko fallen sehen, die 2286 m über dem Meere liegt. Dies war seit mehreren Jahrhunderten nicht vorgekommen, und das Ereignis trat gerade am Tage ein, da die Jesuiten vertrieben wurden, und wurde vom Volke natürlich dieser Gewaltmaßregel zugeschrieben.

Auch auf Teneriffa hat man an einem Orte über Esperanza de la Laguna, dicht bei der Stadt dieses Namens, in deren Gärten Brotbäume wachsen, schneien sehen. Dieser außerordentliche Fall wurde Broussonet von sehr alten Leuten erzählt. Die *Erica arborea*, die *Mirica Faya* und *Arbutus callycarpa* litten nicht durch den Schnee; aber alle Schweine, die im Freien waren, kamen dadurch um. Diese Beobachtung ist für die Pflanzenphysiologie von Wichtigkeit. In heißen Ländern sind die Gewächse so kräftig, daß ihnen der Frost weniger schadet, wenn er nur nicht lange anhält. Ich habe auf der Insel Cuba den Bananenbaum an Orten angebaut gesehen, wo das hundertteilige Thermometer auf 7 Grad, ja zuweilen fast auf den Gefrierpunkt fällt. In Italien und Spanien gehen Orangen- und Dattelbäume nicht zu Grunde, wenn es auch bei Nacht zwei Grad Kälte hat. Im Allgemeinen macht man beim Garten- und Landbau die Bemerkung, daß Pflanzen in fruchtbarem Boden weniger zärtlich und somit auch für ungewöhnlich niedrige Temperaturgrade weniger empfindlich sind, als solche, die in einem Erdreich wachsen, das ihnen nur wenig Nahrungssäfte bietet.

Zwischen der Stadt Laguna, und dem Hafen von Orotava und der Westküste von Teneriffa kommt man zuerst durch ein hügliges Land mit schwarzer toniger Dammerde, in der man hin und wieder kleine Augitkristalle findet. Wahrscheinlich reißt das Wasser diese Kristalle vom anstehenden Gestein ab. Leider entziehen eisenhaltige Flötzschichten den Boden der geologischen Untersuchung. Nur in einigen Schluchten kommen säulenförmige, etwas gebogene Basalte zu Tag, und darüber sehr neue, den vulkanischen Tuffen ähnliche Mengsteine. In denselben sind Bruchstücke des unterliegenden Basalts eingeschlossen, und wie versichert wird, finden sich Versteinerungen von Seetieren darin.

Wenn man ins Tal von Tacoronte hinabkommt, betritt man das herrliche Land, von dem die Reisenden aller Nationen mit Begeisterung sprechen. Ich habe im heißen Erdgürtel Landschaften gesehen, wo die Natur großartiger ist, reicher in der Entwicklung organischer Formen; aber nachdem ich die Ufer des Orinoko, die Kordilleren von Peru und die schönen Täler von Mexiko durchwandert, muß ich gestehen, nirgends ein so mannigfaltiges, so anziehendes, durch die Verteilung von Grün und Felsmassen so harmonisches Gemälde vor mir gehabt zu haben.

Anmerkung:
Dieser Text des vorstehenden Absatzes befand sich früher, bis Ende der 80er Jahre, in spanischer Sprache auf einer Gedenktafel am alten Mirador de Humboldt in La Orotava (Abb. 5). Bis heute lebt die Legende, Humboldt habe diese Worte an ebendieser Stelle – mit Blick auf das Orotavatal – gesagt, manche Reiseführer behaupten gar, er sei niedergekniet und gerührt gewesen. Dem Wortlaut des Textes zufolge muss man allerdings annehmen, daß Humboldt das hier beschriebene »harmonische Gemälde« von Tacoronte-El Sauzal aus gesehen hat. Daß der Mirador de Humboldt in Orotava errichtet wurde, geht vermutlich auf einen Übertragungsfehler der Autoren Barker-Webb/Berthelot zurück, die diese Worte Humboldts in ihrem Kapitel über La Orotava zitieren (vgl. Histoire naturelle des îles Canaries, Miscellanées, Paris 1839, Band I, Seite 87).

Reisewerk:
Das Meeresufer schmücken Dattelpalmen und Kokosnußbäume; weiter oben stechen Bananengebüsche von Drachenbäumen ab, deren Stamm man ganz richtig mit einem Schlangenleib vergleicht. Die

Abhänge sind mit Reben bepflanzt, die sich um sehr hohe Spaliere ranken. Mit Blüten bedeckte Orangenbäume und Zypressen umgeben Kapellen, welche die Andacht auf freistehenden Hügeln errichtet hat. Überall sind die Grundstücke durch Hecken von Agave und Kaktus eingefriedigt. Unzählige kryptogamische Gewächse, zumal Farne, bekleiden die Mauern, die von kleinen klaren Wasserquellen feucht erhalten werden. Im Winter, während der Vulkan mit Eis und Schnee bedeckt ist, genießt man in diesem Landstrich eines ewigen Frühlings. Sommers, wenn der Tag sich neigt, bringt der Seewind angenehme Kühlung. Die Bevölkerung der Küste ist hier sehr stark; sie erscheint noch größer, weil Häuser und Gärten zerstreut liegen, was den Reiz der Landschaft noch erhöht. Leider steht der Wohlstand der Bewohner weder mit ihrem Fleiße, noch mit der Fülle der Natur im Verhältnis. Die das Land bauen, sind meist nicht Eigentümer desselben; die Frucht ihrer Arbeit gehört dem Adel, und das Lehnssystem, das solange ganz Europa unglücklich gemacht hat, läßt noch heute das Volk der Kanarien zu keiner Blüte gelangen.

Von Tegueste und Tacoronte bis zum Dorfe San Juan de la Rambla (Abb. 26), berühmt durch seinen trefflichen Malvasier, ist die Küste wie ein Garten angebaut. Ich möchte sie mit der Umgegend von Capua oder Valencia vergleichen, nur ist die Westseite von Teneriffa unendlich schöner wegen der Nähe des Pics, der bei jedem Schritt wieder eine andere Ansicht bietet. Der Anblick dieses Berges ist nicht allein wegen seiner imposanten Masse anziehend; er beschäftigt lebhaft den Geist und läßt uns den geheimnisvollen Quellen der vulkanischen Kräfte nachdenken. Seit Tausenden von Jahren ist kein Lichtschimmer auf der Spitze des Piton gesehen worden, aber ungeheure Seitenausbrüche, deren letzter im Jahre 1798 erfolgte, beweisen die fortwährende Tätigkeit eines nicht erlöschenden Feuers. Der Anblick eines Feuerschlundes mitten in einem fruchtbaren Lande mit reichem Anbau hat indessen etwas Niederschlagendes. Die Geschichte des Erdballes lehrt uns, daß die Vulkane wieder zerstören, was sie in einer langen Reihe von Jahrhunderten aufgebaut. Inseln, welche die unterirdischen Feuer über die Fluten emporgehoben, schmücken sich allmählich mit reichem, lachendem Grün; aber gar oft werden diese neuen Länder durch dieselben Kräfte zerstört, durch die sie vom Boden des Ozeans über seine Fläche gelangt sind.

Auf unserem Wege zum Hafen von Orotava kamen wir durch die hübschen Dörfer Matanza und Victoria. Diese beiden Namen findet man in allen spanischen Kolonien nebeneinander; sie machen einen widrigen Eindruck in einem Lande, wo alles Ruhe und Frieden atmet. **Matanza** bedeutet Schlachtbank, Blutbad, und schon das Wort deutet an, um welchen Preis der Sieg erkauft worden. In der Neuen Welt weist er gewöhnlich auf eine Niederlage der Eingeborenen hin; auf Teneriffa bezeichnet das Wort Matanza den Ort, wo die Spanier von denselben Guanchen geschlagen wurden, die man bald auf den spanischen Märkten als Sklaven verkaufte.

Anmerkungen:

Über die Kämpfe, die zwischen La Laguna und dem Orotava-tal zwischen den spanischen Eroberern unter Alonso Fernández de Lugo gegen die Einwohner der Insel, die Guanchen, stattfanden, schreibt der spanische Professor Salvador López Herrera (8), daß die Spanier am 1. Mai 1494 am Strand von Añaza, wo heute die Hauptstadt Santa Cruz liegt, mit einer Flotte von 15 Schonern vor Anker gingen. Am 4. Mai beginnt der Marsch zur Eroberung, gütliche Verhandlungen mit den Fürsten der Inselfürstentümer zerschlugen sich, aber angesichts der großen Kriegsvorbereitungen der Guanchen zieht de Lugo seine Streitmacht nach Añaza zurück. Nach weiteren aussichtslosen Verhandlungen läßt de Lugo erneut marschieren. Seine Truppen gelangen ohne Kampf bis ins Orotavatal. Herrera: »*. . . aber sie fanden eine große Anzahl von Vieh, das verlassen in dem fruchtbaren Tal weidete. Sie bemächtigten sich der Herden und marschierten in Richtung auf die fruchtbare Ebene von La Laguna, etwas gehemmt wegen der großen Beute. Der listige Bencomo (Mencey von Tahoro), der seine Verbündeten gut informiert hatte, schickte seinen Bruder Tinguaro mit 300 ausgewählten Guanchen in die Schlucht von Acentejo in den Hinterhalt, während er selbst mit 3000 Männern kampfbereit folgte. Der tapfere Tinguaro ließ die Spanier mit der für die Einheimischen charakteristischen Geschicklichkeit bis zu einem außerordentlich unwegsamen Platz der Schlucht gelangen, der mit dichtem Gestrüpp bestanden war, so daß ihnen ihre Pferde dort nichts nutzen konnten . . . Als die Spanier an diesem gefährlichen Ort, wie es die Schlucht von Acentejo war, alle beisammen waren, pfiffen die Guanchen von oben dem Vieh, das seine Herren kannte und versuchte, davon zu laufen, was die verwirrten Soldaten zerrüttete . . . So begann der Kampf mit völlig ungünstigen Bedingungen für die Eroberungstruppen, und obwohl diese mit Mut und Disziplin kämpften, wurden sie vollkommen zerschlagen, und 900 Tote blieben auf dem Kriegsschauplatz . . . Die kümmerlichen*

Reste, die sich retten konnten, erlitten immer noch weitere Verluste, bis sich schließlich eine Zahl von 200 in dem fast verlassenen Lager von Añaza zusammenfinden konnte. Das war die schwerste Niederlage, die die Spanier während der gesamten Eroberung der kanarischen Inseln erlitten hatten und die die meisten Opfer forderte. (Man rechnet etwa 2000.) Diese Schlacht fand am 31. 5. 1494 statt.«

Danach ging Alonso Fernández de Lugo daran, sein Heer zu verstärken. Er fand Edelleute, die ihr Vermögen für die benötigte Ausrüstung gaben. Das Heer landete am 2. 11. 1494, am 13. 11. 1494 fand einer der erbittertsten Kämpfe statt, und zwar in Laguna de Aguere. Die Guanchen mußten sich geschlagen zurückziehen. Die Schlacht endete am 14. 11. 1494. Zum Gedenken stellten die Spanier an der Einfahrt nach La Laguna ein Kreuz auf, heute bekannt als *Cruz de Piedra*, Steinkreuz. Diese Schlacht entschied das Schicksal der Insel.

Anschließend kam es im Lager der Guanchen zu einer schweren Epidemie, die sich über die ganze Insel ausbreitete und einen großen Teil der Bevölkerung dahinraffte. Auf Seiten des spanischen Eroberungsheeres herrschte eine große Knappheit an Lebensmitteln, so daß Kampfhandlungen unmöglich waren. Erst nach Eintreffen von Nahrungsmitteln und Auffüllung der Truppenstärke kam es ein Jahr später, am 25. 12. 1495 zu der zweiten Schlacht von Acentejo. Herrera wieder wörtlich: »*Nach fünf Stunden blutigen Kampfes, in dem die Einheimischen viele Soldaten verloren, wurden Bencomo und Acaymo schwer verletzt, und die führungslosen Truppen begannen auszubrechen. Der greise Mencey von Tahoro wollte eine Niederlage vermeiden und befahl den Rückzug und zog sich hinter die › Tiefe Schlucht‹ zurück, um wieder Richtung Arautápola (Orotavatal) zu marschieren. Da erklangen Siegesrufe (victoria!) in allen Teilen des spanischen Heeres, und dieses tausendfach wiederholte Wort wurde zum Namen der Stadt, die später am Ort dieser Schlacht entstand.*« (Abb. 10)

Alonso Fernández de Lugo blieb nach diesem totalen Sieg im Lager von Añaza, anfangs nur, um die Regenzeit abzuwarten, dann aber wartete er auf Verstärkung seines Heeres. Herrera wörtlich: »*In dieser passiven Haltung blieben sie bis zum ersten Juli 1496, als sie den Kampf aufnehmen und in das Tal von Arautápola (Orotava) vordringen, wo Bencomo sich gut verschanzt hatte. Nachdem Bencomo seine Stellung verändert und das Ergebnis der Schlacht durchdacht hatte . . . beschließt er, sich zu unterwerfen und so einen Tag unnützen Blutvergießens zu vermeiden; diese Nachricht erhielt de Lugo mit großer Freude, denn die ersehnte Stunde der Beendigung der Eroberung näherte sich. Alonso Fernández de Lugo erwartete ihn vor seinem Zelt, umgeben von allen seinen Offizieren. Der Mencey von Tahoro kam langsamen Schrittes näher. Der Gesichtsausdruck Bencomos spiegelte heftigen Schmerz wider, sein trauriger Blick zeigte die bittern Klagen eines gepeinigten Herzens, und seine Stimme zitterte, als er die Worte der Unterwerfung sprach . . .*« Der Schluß seiner Ansprache: »›*Wir wollen Christen sein, aber schwöre uns bei allem, was dir heilig ist, daß unsere Kinder und auch wir niemals Sklaven sein werden und die so geliebte Freiheit behalten, die uns schon so viel Blut gekostet hat.*‹ *De Lugo, ergriffen von dieser schönen Unterwerfungsrede, ließ ein Meßbuch holen und schwor, den Vertrag voll und ganz zu achten. Aber die guten Vorsätze, die er in jenen feierlichen Momenten den Einheimischen gegenüber hegte, verwandelten sich später in die niederträchtige Befriedigung, Bencomo und den größten Teil der Guanchenfürsten nach Spanien zu deportieren. Der greise Mencey von Tahoro wurde durch die Hauptstädte geführt, dem Papst und später dem Grafen von Venedig vorgestellt.*«

Pedro Hernández Hernández (9) stellt klar, daß das feierliche Te-Deum auf dem Platz stattfand, auf dem 1498 die erste Kapelle (Iglesia de Santiago Apóstol) in Realejo Alto erbaut wurde (Abb. 11).

bb. 1

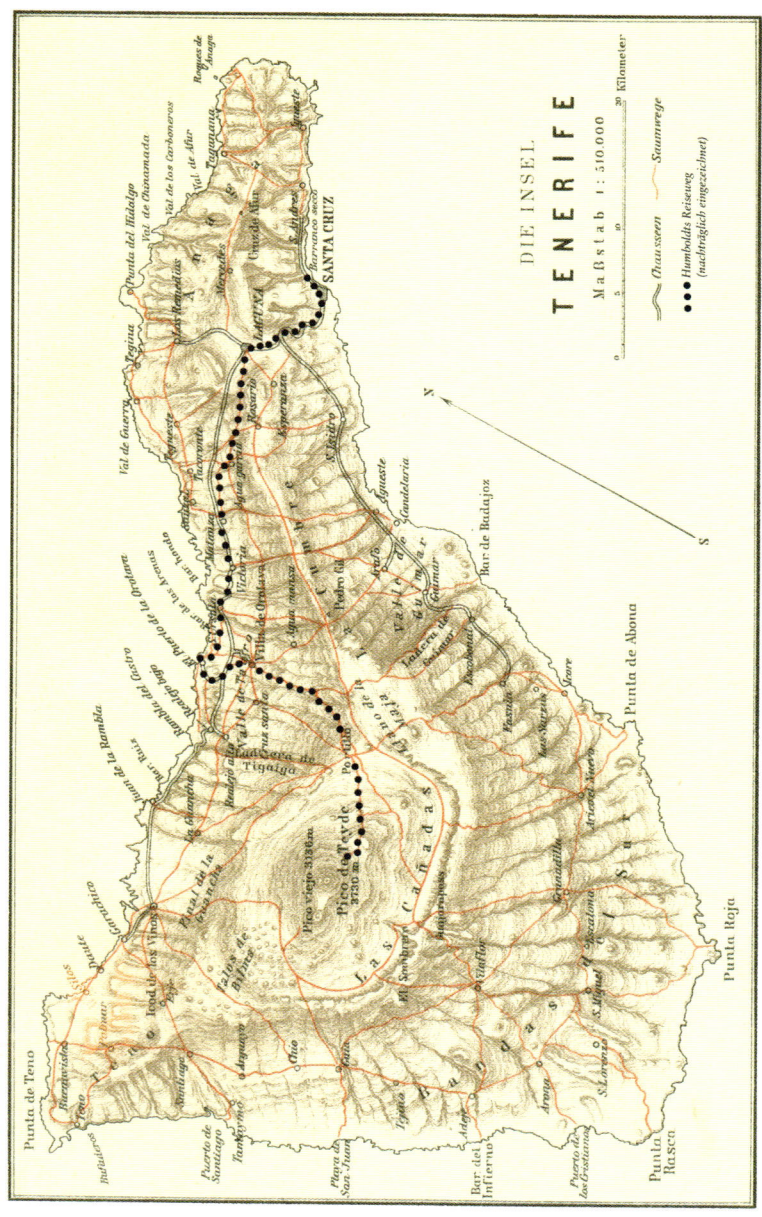

Abb. 2 Der Reiseweg Humboldts – und der vieler anderer vor und nach ihm.
Diese Karte veröffentlichte Hans Meyer im Jahr 1896, die rote Linie markiert
die alten Hauptwege

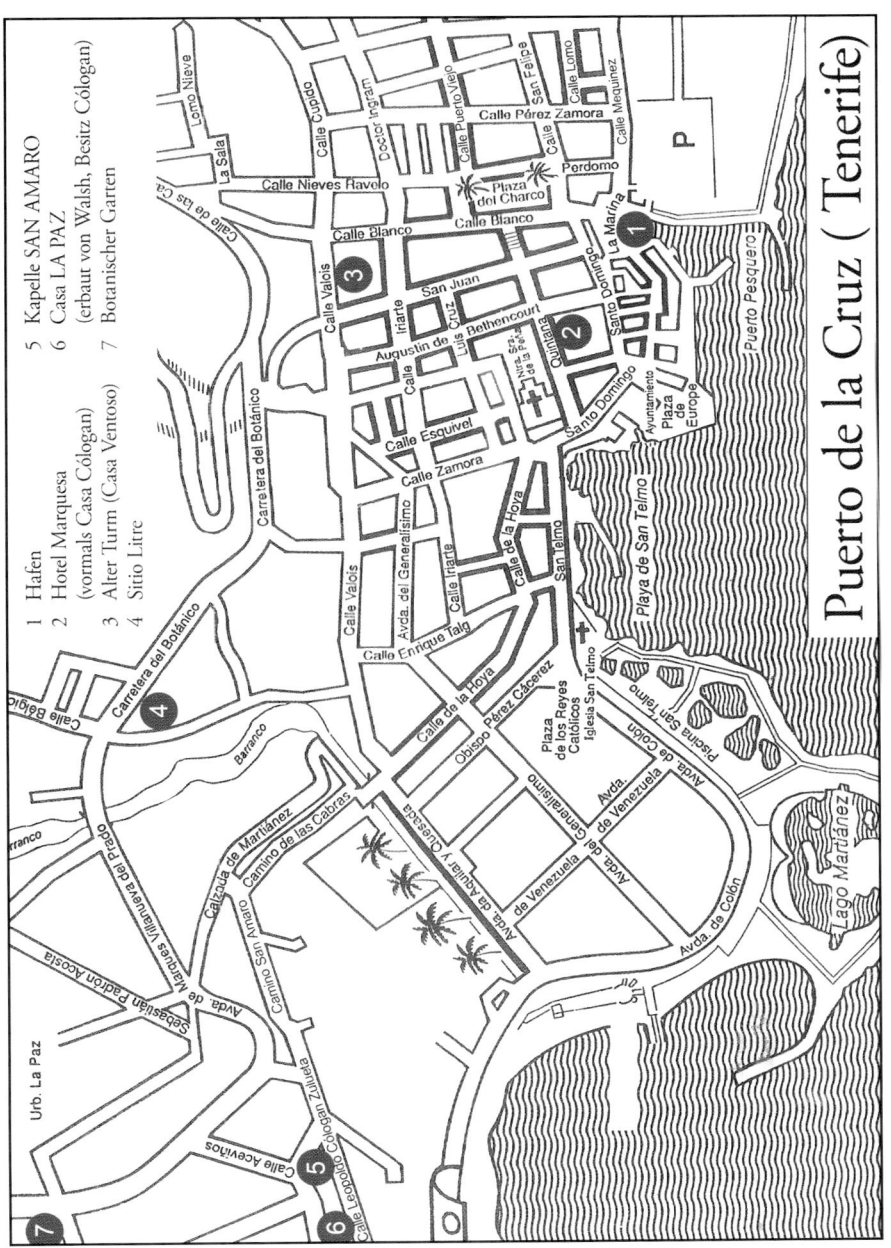

Puerto de la Cruz (Tenerife)

1 Hafen
2 Hotel Marquesa
  (vormals Casa Cólogan)
3 Alter Turm (Casa Ventoso)
4 Sitio Litre

5 Kapelle SAN AMARO
6 Casa LA PAZ
  (erbaut von Walsh, Besitz Cólogan)
7 Botanischer Garten

Abb. 3

Abb. 4
Schloß Tegel, von der Wasserseite her gesehen, um 1700. Stich von Peter
Schenk. Die Gründung des Gutes Tegel fällt in die Regierungszeit des
Kurfürsten Joachim II. (1535-1571), der mit besonderer Vorliebe sein Tegel-
Heiligenseer Jagdgebiet besuchte. Friedrich Wilhelm, der Große Kurfürst,
ließ sich hier ein Jagdschloß errichten.

Gut und Schloß wurden in Erbpacht gegeben, die Besitzer wechselten mehrmals wegen der Höhe der Erbpacht, insbesondere nach der von Friedrich
dem Großen eingeführten Verpflichtung zur Anpflanzung großer Bestände
von Maulbeerbäumen. Im Jahre 1762 kamen Gut und Schloß in den Besitz
des Hauptmanns von Holwede und somit schließlich an Marie Elisabeth
Holwede geb. Colomb, der Mutter der Brüder von Humboldt, die es in die
Ehe mit Georg Alexander von Humboldt einbrachte.

Nach der Erbteilung erhielt Wilhelm von Humboldt das Schloß, auf seinen
Antrag hin konnte er die Erbpacht gegen Zahlung von 5480 Talern ablösen,
so daß ihm und seinen Erben am 16. Februar 1822 Gut und Schloß als
freies Eigentum überschrieben wurden. Von 1822-1824 erfolgte dann durch
den Preußischen Baumeister Karl Friedrich Schinkel der Umbau und seine
Erweiterung.

Abb. 5
Der alte »Mirador de Humboldt« in La Orotava, Aufnahme 1984. Hier stand
früher ein Gedenkstein mit einem berühmten Zitat Humboldts. Jetzt gibt es
nebenan eine neue Aussichtsplattform mit Terrassencafé.

Abb. 6
Aufnahme des Orotavatals vom Ende des 19. Jahrhunderts. Sie gibt nur
sehr unvollkommen die Schönheit des Tals wieder, wie Humboldt es 1799
gesehen hat.

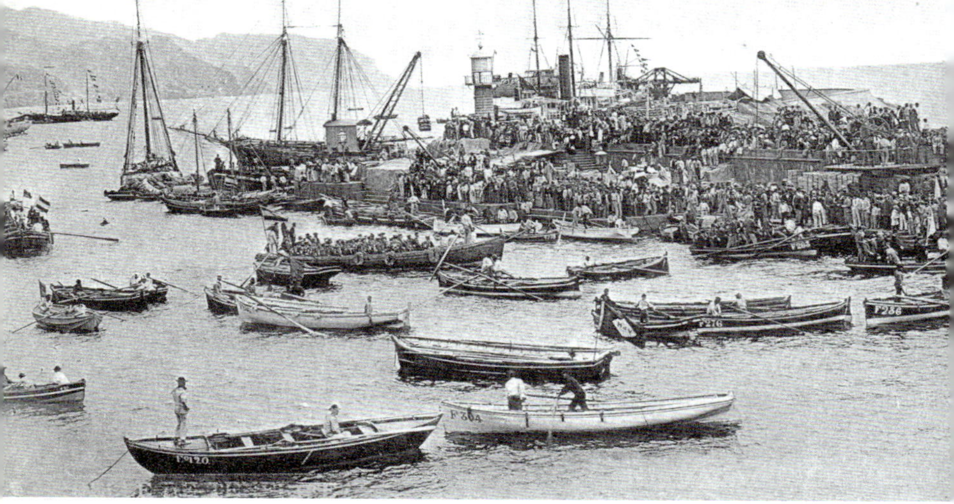

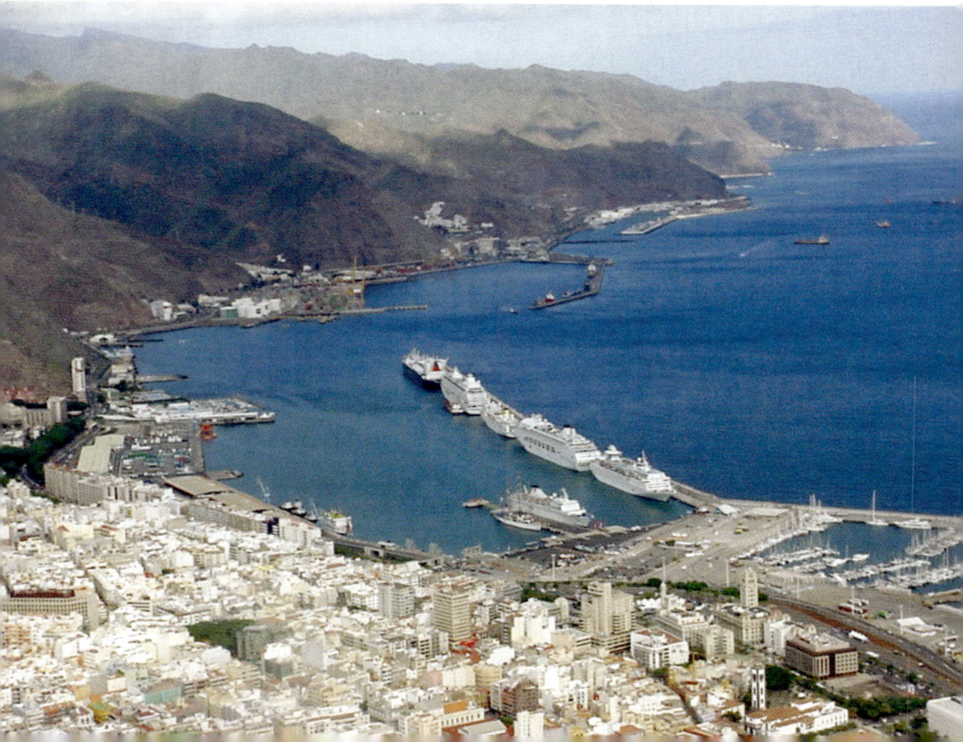

Abb. 7
Eine Aufnahme des Hafens etwa Mitte des 19. Jahrhunderts. Die Stadt hatte rund 8000 Einwohner.

Abb. 9
Blick auf La Laguna. Altes kolorierte Postkarte. Beim Besuch Alexander von Humboldts war La Laguna die Hauptstadt von Teneriffa, sie ist heute Sitz der Universität und Bischofssitz.

Abb. 8
Links: Santa Cruz de Tenerife. Heute ein moderner Überseehafen, der auch häufig von Kreuzfahrtschiffen angelaufen wird. Die Stadt hat im Jahr 2007 rund 220.000 Einwohner.

Abb. 10   Die Kirche in La Victoria. Der Name erinnert an die Schlacht
in der »Großen Schlucht«. Im Dezember 1495 entscheidender Sieg der
Eroberungstruppen.

Abb. 11   Die Kirche »Iglesia de Santiago Apóstol« in Realejo Alto.
Ende September 1496 fand auf diesem Platz das feierliche Te-Deum statt.

Abb. 12   Das Orotavatal, Aufnahme 1984. Rechts der Atlantik, im Hintergrund aufsteigend die Tigaiga-Felswand, dahinter der 3718 m hohe Teide. Zwar ist das Tal sehr stark besiedelt worden und viel Grün ist verschwunden, aber noch heute ist man von der Schönheit der Landschaft begeistert, wie es Alexander von Humboldt 1799 war.

Abb. 13
Blick über Puerto de la Cruz zum
Teide, davor die Felswand Tigaiga,
links im Mittelgrund der kleine
Hügel La Montañeta

Abb. 14
Der alte Beobachtungsturm des
Handelshauses Ventoso in der
Altstadt von Puerto de la Cruz

Abb. 15   Aufnahme des Hafens La Caleta in Puerto de la Cruz aus der Mitte des 19. Jahrhunderts. Wie von Alexander von Humboldt beschrieben, sieht man die Segler auf der Reede liegen.

Abb. 16   Heutige Ansicht des Hafens La Caleta, er dient nur noch als Fischerhafen. Rechts das alte Zollhaus, erbaut 1620.

Abb. 17, 18   Außen- und Innenansicht des seit 1822 bestehenden Hotels »Marquesa« am Kirchplatz von Puerto de la Cruz. Hier befand sich das »Casa Cólogan«, in welchem Humboldt mit seinem Begleiter eine freundliche Aufnahme fand. Das Haus wurde etwa 1820 unter Wahrung der Architektur zu einem Hotel umgebaut, das den Namen »Marquesa« bekam.

Abb. 19
Landhaus La Paz. Baum-Allee mit Blick auf den Atlantik
(Calle Agatha Christie, vorher Calle Ciprés)

Abb. 20   Landhaus La Paz in der Calle Leopoldo Cólogan Zulueta. Erbaut von dem irischen Kaufmann Walsh-Valois, dann übergegangen auf die Familie Cólogan. Lateinische Inschrift: HIC EST REQUIES MEA (Seite 156)

Abb. 21   Die auf dem Platz der alten Kapelle »San Amaro« gebaute neue Kapelle, von Walsh-Valois zu Beginn des 18. Jahrhunderts errichtet, später erweitert und restauriert. Der Erbauer weihte sie »Nuestra Señora de La Paz« und »San Amaro«.

Abb. 22   Diese Aufnahme aus dem 19. Jahrhundert zeigt im Vordergrund das Gebiet der heutigen Urbanisation La Paz. Der weiße Pfeil kennzeichnet das Landhaus La Paz der Familie Walsh-Valois/Cólogan. Links im Hintergrund das Hotel Taoro. Rechts am Meer Puerto de la Cruz.

Abb. 23   Im Vordergrund La Paz, jetzt bebaut mit großen Hotels. Mit einem weißen Pfeil gekennzeichnet das Landhaus »La Paz«. Aufnahme 2002

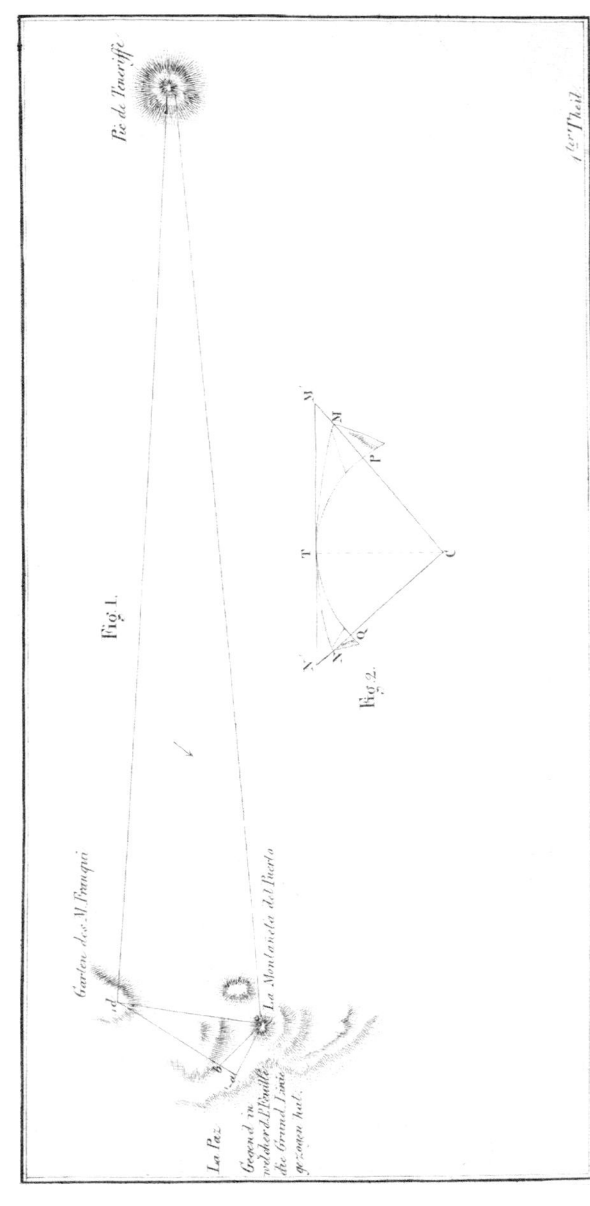

Abb. 24 Humboldts Berechnung der Höhe des Teide, aus einer 1815-1822 erschienenen deutschen Übersetzung des »Reise-werks« (Originalzeichnung von Humboldt). Erläuterung: a) Strand, b) Höhe von La Paz, c) Montañeta, d) *Drago* in La Orotava im Garten des Herrn de Franqui, e) Pic des Teide, Höhe des Teide 3718 m

Abb. 25   Blick über das Orotavatal mit den beiden kleinen Hügeln, die
Humboldt wie folgt beschreibt: »Wir kamen an zwei glockenförmigen
Hügeln vorüber. Beobachtungen am Vesuv und in der Auvergne weisen
darauf hin, daß dergleichen runde Erhöhungen von Seitenausbrüchen des
Vulkans herrühren.«

Abb. 26   Der Ort San Juan de la Rambla, den Humboldt noch gern
besucht hätte. Allein seine Unruhe, etwas vom großen Reisevorhaben
zu versäumen, trieb ihn immer weiter, so daß er seinen Aufenthalt nicht
verlängern wollte.

Vue de l'intérieur du Cratère du Pic de Ténériffe

Abb. 27
Wiedergabe aus dem Reisewerk Alexander von Humboldts, »*Atlas pittoresque*«, Tafel 54, Paris 1810.

A. v. Humboldt: »Ich habe an Ort und Stelle die Ansicht des inneren Kraterrandes gezeichnet, wie er sich darstellt, wenn man durch die gegen Ost gelegene Lücke hinabsteigt. Nichts merkwürdiger als diese Aufeinanderlagerung von Lavaschichten, die Krümmungen zeigen, wie der Alpen-Kalkstein . . .«

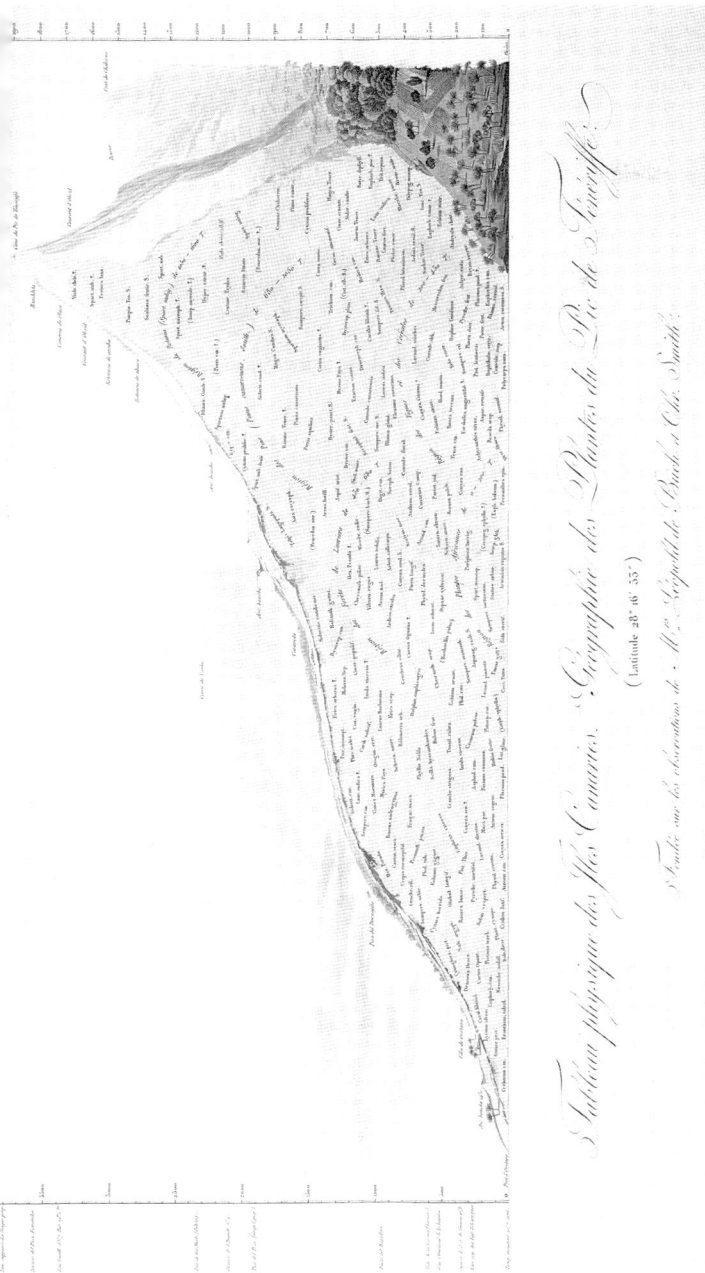

Abb. 28   Geographie der Pflanzen am Teide. Wiedergabe aus dem Reisewerk Alexander von Humboldts, »Atlas géographique et physique des régions équinoxiales du nouveau continent«, Tafel 2, Paris 1814

Abb. 29   Das ehemalige Besitztum des Herrn de Franchi in La Orotava

Abb. 31 (rechte Seite)   Diese alte Radierung zeigt den Garten de Franchi in stilisierter Art mit dem großen Drachenbaum und der hohen Palme. Im Hintergrund der schneebedeckte Teide, am Meeresufer die beiden Hügel von La Montañeta

Abb. 30   Blick auf La Orotava, Radierung von Williams aus dem 18. Jahrhundert. Links oben im Bild das Haus des Herrn de Franchi, in dessen Garten der große vieltausendjährige Drachenbaum stand, den Humboldt eingehend beschrieben und gezeichnet hat. Der Baum verlor 1819 einen Teil seiner Krone und zerbarst durch einen großen Sturm im Jahre 1868.

Vista por el Poniente de la Casa y Jardines del General Don Juan Domingo de Franchis, del Pico de Tenerife y Valle de la Orotava en las Islas Canarias, con la figura de un Drago: árbol cuyo tronco tiene 45 pies de circunferencia, y en el medio tiene una mesa, a cuya tabla para diez personas, la cual tiene de circulo 234 pies.

Prospectus occidentalis Domus et Horti Domini Ioannis Dominici de Franchis, item montis alti. Pic de Tenerife et Vallis de Orotava, cum figura alterius arboris Draconis, cuius circumferentia pedes habet 45.

A View from the West, of the House and Gardens of Colonel John Domenic de Franchis, the Pike of Thenerife, and Vale of Orotava in the Canaries, with the figure of a large Dragon tree whose bigness is 45 feet in circumference, and in middle of bigger part has a table and seat where ten persons may be placed. The house has 234 feet in circumference.

Perspective de l'Occident de la Maison et Jardins du Colonel Don Jean Domique de Franchis avec la vue du Pic de Tenerife, et du grand arbre Dragon, qui a 45 pieds de circonference, et au milieu a contenu et peut placer une table pour dix personnes.

Abb. 33
Humboldt-Denkmal im Sitio Litre
Bronzeskulptur von Ana Lilia Martín

Abb. 32
Sitio Litre. Giebelseite nach Nord und Süd. Anwesen des englischen Kaufmanns Little, in dem Humboldt an einem ländlichen Johannisfest teilnahm.

Abb. 34   Der neue »Mirador de Humboldt« mit einer Skulptur von Ana L. Martín.

Abb. 35   Humboldt-Denkmal in Berlin Tegel, gestiftet von Alfred und Steffen Gebauer (1997), geschaffen von Detlef Kraft. Links Wilhelm von Humboldt, der Sprachgelehrte mit Heft und Feder. Sein Bruder Alexander, rechts mit einem Sextanten, wurde lange Zeit dazu im Gegensatz und zu Unrecht auf den »Naturwissenschaftler« reduziert. Daß Alexander von Humboldts Wissenschaftsverständnis nicht nur alle Disziplinen erfaßt, sondern sie auch miteinander verknüpft, zeigt Ottmar Ette im Vorwort dieses Buches.

Ehe wir nach Orotava kamen, besuchten wir
den botanischen Garten nicht weit vom Hafen. Wir
trafen da den französischen Vizekonsul Legros, der
oft auf der Spitze des Pic gewesen war und an dem
wir einen vortrefflichen Führer fanden. Er hatte mit
Kapitän Baudin eine Fahrt nach den Antillen gemacht, durch die der Pariser Pflanzengarten ansehnlich bereichert worden ist. Ein furchtbarer Sturm,
den Ledru in seiner Reise nach Portorico beschreibt,
zwang das Fahrzeug bei Teneriffa anzulegen, und das
herrliche Klima der Insel brachte Legros zum Ent-
schluß, sich hier niederzulassen. Ihm verdankt die
gelehrte Welt Europas die ersten genauen Nachrichten über den großen Seitenausbruch des Pics, den
man sehr uneigentlich den Ausbruch des Vulkans
von Chahorra nennt.

Die Anlage eines botanischen Gartens auf
Teneriffa ist ein sehr glücklicher Gedanke, da
derselbe sowohl für die wissenschaftliche Botanik als für die Einführung nützlicher Gewächse
in Europa sehr förderlich werden kann. Die erste
Idee eines solchen verdankt man dem Marquis von
Nava (Marquis von Villanueva del Prado), einem
Mann, der Poivre an die Seite gestellt zu werden
verdient und im Triebe, das Gute zu fördern, von
seinem Vermögen den edelsten Gebrauch gemacht
hat. Mit ungeheuren Kosten ließ er den Hügel von
Durasno, der amphitheatralisch aufsteigt, abheben,
und im Jahr 1795 machte man mit den Anpflan-
zungen den Anfang. Nava war der Ansicht, daß die
Kanarien, vermöge des milden Klimas und der geographischen Lage, der geeignetste Punkt seien, um

die Naturprodukte beider Indien zu akklimatisieren, um die Gewächse aufzunehmen, die sich allmählich an die niedrigere Temperatur des südlichen Europas gewöhnen sollen. Asiatische, afrikanische, südamerikanische Pflanzen gelangen leicht in den Garten bei Orotava, und um den Chinabaum in Sizilien, Portugal oder Granada einzuführen, müßte man ihn zuerst in Durasno oder Laguna anbauen und dann erst die Schößlinge der kanarischen China nach Europa verpflanzen. In besseren Zeiten, wo kein Seekrieg mehr den Verkehr in Fesseln schlägt, kann der Garten von Teneriffa auch für die starken Pflanzensendungen aus Indien nach Europa von Bedeutung werden. Diese Gewächse gehen häufig, ehe sie unsere Küsten erreichen, zu Grunde, weil sie auf der langen Überfahrt eine mit Salzwasser geschwängerte Luft atmen müssen. Im Garten von Orotava fänden sie eine Pflege und ein Klima, wobei sie sich erholen könnten. Da die Unterhaltung des botanischen Gartens von Jahr zu Jahr kostspieliger wurde, trat der Marquis denselben der Regierung ab. Wir fanden daselbst einen geschickten Gärtner, einen Schüler Aitons, des Vorstehers des königlichen Gartens zu Kew. Der Boden steigt in Terrassen auf und wird von einer natürlichen Quelle bewässert. Man hat die Aussicht auf die Insel Palma, die wie ein Kastell aus dem Meere emporsteigt. Wir fanden aber nicht viele Pflanzen hier: man hatte, wo Gattungen fehlten, Etiketten aufgesteckt, mit Namen, die auf Geratewohl aus Linné's *Systema vegetabilium* genommen schienen. Diese Anordnung der Gewächse nach den Klassen des Sexualsystems, die man leider auch in manchen europäischen Gärten findet, ist dem Anbau sehr hinderlich. In Durasno wachsen Proteen, der Gojavabaum, der Jambusenbaum, die Chirimoya aus Peru, Mimosen und Heliconien im Freien. Wir pflückten reife Samen von mehreren schönen Glycinearten aus Neuholland, welche der Gouverneur von Cumana, Emparan, mit Erfolg angepflanzt hat und die seitdem auf den südamerikanischen Küsten wild geworden sind.

Wir kamen sehr spät in den Hafen von Orotava, wenn man anders diesen Namen einer Reede geben kann, auf der die Fahrzeuge unter Segel gehen müssen, wenn der Wind stark aus Nordwest bläst.

Anmerkungen:
Wie schon klargestellt, ist der Ort, den Alexander von Humboldt »Hafen von Orotava« nennt, das heutige Puerto de la Cruz. Um 1800 gab es mehrere Häfen, die beiden größeren für den Schiffahrtsverkehr, daneben noch in nördlicher Richtung drei kleinere Fischereihäfen. Der größte Hafen war der Puerto Viejo, südwestlich des heute noch stehenden Festungsgebäudes San Felipe gelegen, beim Strand Playa Jardín. Die Mündung des Barranco San Felipe erweiterte sich zu einer Hafenbucht. Durch das große Unwetter vom Dezember 1826 wurde dieser Hafen zerstört und durch Anschwemmungen unbrauchbar. Der nächstgrößere Hafen ist der von La Caleta, es ist der heute noch bestehende Fischereihafen. Von diesen beiden Häfen aus ging der Transport zu den »Übersee-Häfen« Garachico und Santa Cruz, wo die Umladung der aus den beiden Häfen des Orotavatales kommenden Schiffe erfolgte. Es herrschte ein reger Schiffsverkehr, denn das große und fruchtbare und zugleich stark bevölkerte

Orotavatal exportierte eine Vielzahl von Erzeugnissen. Zugleich wurde auch viel importiert, denn man benötigte viele Erzeugnisse, die es auf Teneriffa nicht gab. Der Hafen von Garachico wurde bereits 1706 durch Lavaströme fast völlig zerstört, so wurde der Schiffsverkehr nun über Santa Cruz geleitet. Durch den Bau von Land- und Verkehrsstraßen ist allmählich der Schiffstransport zur Umladung in Santa Cruz vollkommen eingestellt worden. Die landwirtschaftlichen Erzeugnisse, die früher über Puerto de la Cruz verschifft wurden, waren: die Färberflechte (*Orchilla*), eine graue Flechte, die an Felswänden wächst und zur Herstellung von Purpurfarben dient. Im 16. Jahrhundert blühte der Anbau des Zuckerrohrs, das zum wichtigsten Erwerbszweig der Landwirtschaft wurde.

Mitte des 17. Jahrhunderts aber begann der Zuckerrohranbau auf den Antillen, die Bedingungen waren dort für den Anbau günstiger, so ging er auf Teneriffa schnell zurück. An die Stelle des Zuckerrohrs trat der Weinanbau, nachdem Anfang des 16. Jahrhunderts schon Reblinge aus Kreta eingeführt worden waren. Der Weinanbau wurde kultiviert, berühmt war der Malvasier, der in großen Mengen nach England ausgeführt wurde. Das geschah zum größten Teil durch englische Handelshäuser. Die Blüte des Weinexportes lag um die Wende vom 18. zum 19. Jahrhundert. A. Cioranescu (10) gibt an, daß im Jahre 1800 der jährliche Export 6000 Faß betrug. Es war die Blütezeit von Puerto de la Cruz, die Zahl der Handelshäuser hatte stark zugenommen, insbesondere die Anzahl der ansässig gewordenen Engländer war stark angestiegen, das gesellschaftliche Leben, der Bau von guten Wohnhäusern, Straßen, Kapellen und Kirchen machte den Aufenthalt angenehm. Durch hier nicht näher zu erläuternde Veränderungen wirtschaftlicher Art waren die kanarischen Malvasier-Weine nicht mehr gefragt, der Weinanbau in Spanien erlebte zudem einen Aufschwung, so kam es innerhalb von etwa

50 Jahren zu einem Niedergang der Geschäftstätigkeit in Puerto de la Cruz. Es kam hinzu, daß die Bedeutung von Santa Cruz für den Export- und Importhandel schnell und bedeutend zunahm. Die Landwirtschaft war wieder im Umbruch, jetzt wurde der Anbau von Bananen und Tomaten eingeführt, die dann auch Ende des 19. Jahrhunderts exportiert werden konnten. Für Puerto de la Cruz begann zu dieser Zeit die Hinwendung zum Touristenort. Auf den Fotos (Abb. 15, 16) ist das Gebäude zu sehen, das 1620 von dem Gründer des Orotava-Hafens erbaut wurde, dem Don Juan de Franchi (auch: Franqui). Nach der Zerstörung des Hafens von Garachico zog das Königliche Zollhaus dort mietweise ein, die obere Etage diente dem Statthalter als Wohnung. In dem Haus befinden sich heute Ausstellungsräume und das Touristeninformationsbüro.

Etwas vom Hafen nach Süden befindet sich das Gebäude des früheren Handelshauses Ventoso, das heute in gutem Zustand ist. Hinter dem Hause ist ein freistehender, viereckiger Turm, das Gebäude des Handelshauses überragend. Er hat an allen vier Seiten einen kleinen Balkon als Ausguck und diente zur Beobachtung des Schiffsverkehrs. Nach dem damals geltenden Handelsbrauch hatte derjenige Handelsherr die Import- und Exportrechte für die Verhandlung mit dem Schiffsführer, der zuerst das Schiff gesehen hatte und als erster am Kai eingetroffen war. Früher sah man natürlich vom Turm ungehindert auf das Meer, die den Blick jetzt hindernden großen, hohen Häuser waren nicht vorhanden. Es ist erfreulich, auch an diesem Turm noch die alte Bauweise sehen zu können (Abb. 14).

Reisewerk:

Man kann nicht von Orotava sprechen, ohne die Freunde der Wissenschaft an Cologan zu erinnern, dessen Haus von jeher den Reisenden aller Nationen offen stand. Mehrere Glieder dieser achtungswerten Familie sind in London und Paris erzogen worden. Don Bernardo Cologan ist bei gründlichen, mannigfaltigen Kenntnissen der feurigste Patriot. Man ist freudig überrascht, auf einer Inselgruppe an der Küste von Afrika der liebenswürdigen Geselligkeit, der edlen Wißbegierde, dem Kunstsinn zu begegnen, die man ausschließlich in einem kleinen Teile von Europa zu Hause glaubt.

Gerne hätten wir einige Zeit in Cologans Hause verweilt und mit ihm in der Umgegend von Orotava die herrlichen Punkte San Juan de la Rambla und Realejo de Abajo besucht. Aber auf einer Reise wie die, welche ich angetreten, kommt man selten dazu, der Gegenwart zu genießen. Die quälende Besorgnis, nicht ausführen zu können, was man den andern Tag vorhat, erhält einen in beständiger Unruhe. Leidenschaftliche Natur- und Kunstfreunde sind auf der Reise durch die Schweiz oder Italien in ganz ähnlicher Gemütsverfassung; da sie die Gegenstände, die Interesse für sie haben, immer nur zum kleinsten Teil sehen können, so wird ihnen der Genuß durch die Opfer verbittert, die sie auf jedem Schritt zu bringen haben.

Anmerkungen:
In Ergänzung des Berichts Alexander von Humboldts über die gastliche Aufnahme im Hause Cólogan ein Zitat aus seinem Brief an seinen Bruder Wilhelm vom 25. 6. 1799: »*In Santa Cruz wohnten wir bei dem General Armiaga, hier (in Puerto Orotava) in einem englischen Hause, bei dem Kaufmann John Cologan, wo*

Cook, Banks und Lord Macartney auch wohnten. Man kann sich nicht vorstellen, welche Aisanze (Anmut) und welche Bildung der Weiber in diesen Häusern ist . . .« (11). Mit einem Sohn dieses Hauses, Don Bernardo, muß Humboldt besonders engen Kontakt gehabt haben, dieser war 1772 geboren, also nur drei Jahre jünger als Humboldt, zu dem Zeitpunkt ihres Zusammentreffens waren sie also 30 und 27 Jahre alt.

Das Haus Cólogan ist irischen Ursprungs (irischer Name Mc-Colgan), es gehörte zur Anhängerschaft des Königs Charles I., bei dem verlorenen Kampf 1648 starben auch einige Mitglieder der Familie. Diese verließ später Irland und siedelte sich in Teneriffa unter dem Namen Cólogan an (12). Der Wohnsitz der Familie Cólogan war das Haus ganz in der Nähe des Kirchplatzes. Im Jahre 1820 gab die Familie Cólogan das Haus auf, durch die Verbindung mit dem Haus Valois hatte sich ihr ohnehin großer Grundbesitz vermehrt. 1820-1822 wurde das Haus umgebaut zu einem Hotel, wobei die alte Architektur beibehalten wurde. Das Hotel besteht auch heute noch, es trägt den Namen »Marquesa«. Es ist im Jahre 1983 renoviert worden, aber auch dabei blieben die Architektur und der Innenhof erhalten (Abb. 17 und 18).

Reisewerk:
> Bereits am 21. morgens waren wir auf dem Wege nach dem Gipfel des Vulkanes. Legros, der französische Vizekonsul, dessen zuvorkommende Gefälligkeit wir nicht genug loben können, der Sekretär des französischen Konsulats zu Santa Cruz und der englische Gärtner von Durasno teilten mit uns die Beschwerden der Reise. Der Tag war nicht sehr schön, und der Gipfel des Pics, den man in Orotava fast immer sieht, von Sonnenaufgang bis zehn Uhr

in dicke Wolken gehüllt. Ein einziger Weg führt auf den Vulkan durch Villa de Orotava, die Ginsterebene und das Malpaís, derselbe, den Pater Feullée, Borda, Labillardière, Barrow eingeschlagen, und überhaupt alle Reisenden, die sich nur kurze Zeit in Teneriffa aufhalten konnten. Wenn man den Pic besteigt, ist es gerade, wie wenn man das Chamonixtal oder den Aetna besucht: man muß seinen Führern nachgehen, und man bekommt nur zu sehen, was schon andere Reisende gesehen und beschrieben haben.

Anmerkung:
Der Weg, den Humboldt und seine Reisegruppe zum Teide hochstieg, ist als *Camino de Chasna* bekannt, ein alter Wirtschafts- und Weideweg, der bereits in vorspanischer Zeit die wichtigste Verbindung zwischen Inselnorden und -süden war. Den Weg gibt es heute noch, er ist teilweise sehr zugewachsen, besonders im Barranco bei El Dornajito, wird aber von einigen Wanderführern beschrieben. Von El Portillo, heute der Eingang zum Nationalpark, ging es weiter am *Montaña de los Tomillos* entlang zum *Montaña Blanca*, der bimssteinfarbenen Hochebene, an deren Ende der basaltfarbene Gipfel aufsteigt (Abb. 2). Einer anderen Lesart zufolge ist es wohl auch möglich, dass sie zunächst in Richtung *Siete Cañadas* abgebogen sind und sich dann von Süden her dem Gipfel genähert haben.

Reisewerk:
Der Kontrast zwischen der Vegetation in diesem Striche von Teneriffa und der in der Umgegend von Santa Cruz überraschte uns angenehm.

Beim kühlen, feuchten Klima war der Boden mit
schönem Grün bedeckt, während auf dem Weg von
Santa Cruz nach Laguna die Pflanzen nichts als
Hülsen hatten, aus denen bereits der Samen gefallen
war. Beim Hafen von Orotava wird der kräftige
Pflanzenwuchs den geologischen Beobachtungen
hinderlich. Wir kamen an zwei kleinen glockenförmigen Hügeln vorüber (Abb. 25). Beobachtungen
am Vesuv und in der Auvergne weisen darauf hin,
daß dergleichen runde Erhöhungen von Seitenausbrüchen des großen Vulkans herrühren. Der Hügel
Montañita de la Villa scheint wirklich einmal Lava
ausgeworfen zu haben; nach den Überlieferungen
der Guanchen fand dieser Ausbruch im Jahr 1430
statt. Der Oberst Franqui versicherte Borda, man
sehe noch deutlich, wo die geschmolzenen Stoffe
hervorgequollen, und die Asche, die den Boden
ringsum bedecke, sei noch nicht fruchtbar. Überall,
wo das Gestein zu Tag ausgeht, fanden wir basalt-
artigen Mandelstein (Werner) und Bimssteinkon-
glomerat, in dem Rapilli oder Bruchstücke von
Bimsstein eingeschlossen sind. Letztere Formation
hat Ähnlichkeit mit dem Tuff vom Pausilipp und mit
den Puzzolanschichten, die ich im Tal von Quito,
am Fuße des Vulkans Pichincha, gefunden habe. Der
Mandelstein hat langgezogene Poren, wie die oberen
Lavaschichten des Vesuv. Es scheint dies darauf
hinzudeuten, daß eine elastische Flüssigkeit durch
die geschmolzene Materie durchgegangen ist. Trotz
diesen Übereinstimmungen muß ich noch einmal
bemerken, daß ich in der ganzen unteren Region
des Pics von Teneriffa auf der Seite gegen Orotava

keinen Lavastrom, überhaupt keinen vulkanischen Ausbruch gesehen habe, der scharf begrenzt gewesen wäre. Regengüsse und Überschwemmungen wandeln die Erdoberfläche um, und wenn zahlreiche Lavaströme sich vereinigen und über eine Ebene ergießen, wie ich es am Vesuv im *Atrio dei Cavalli* gesehen, so verschmelzen sie ineinander und nehmen das Ansehen wirklich geschichteter Bildungen an.

Villa de Orotava macht schon von weitem einen guten Eindruck durch die Fülle der Gewässer, die auf den Ort zueilen und durch die Hauptstraßen fließen. Die Quelle *Aqua mansa*, in zwei große Becken gefaßt, treibt mehrere Mühlen und wird dann in die Weingärten des anliegenden Geländes geleitet. Das Klima in der **Villa** ist noch kühler als am Hafen, da dort von morgens zehn Uhr ein starker Wind weht. Das Wasser, das sich bei höherer Temperatur in der Luft aufgelöst hat, schlägt sich häufig nieder, und dadurch wird das Klima sehr neblig. Die Villa liegt etwa 312 m über dem Meer, also 103 m niedriger als Laguna; man bemerkt auch, daß dieselben Pflanzen an letzterem Orte einen Monat später blühen. (Abb. 30, 31)

Orotava, das alte Taoro der Guanchen, liegt am steilen Abhang eines Hügels; die Straßen schienen uns öde, die Häuser, solid gebaut, aber trübselig anzusehen, gehören fast durchaus einem Adel, der für sehr stolz gilt und sich selbst anspruchsvoll als *doce casas* bezeichnet. Wir besuchten mehrere Gärten, in denen die Obstbäume des nördlichen Europas neben Orangen, Granatbäumen und Dattelpalmen stehen. Obgleich wir den Drachenbaum in

Herrn Franquis Garten aus Reiseberichten kannten, so setzte uns seine ungeheure Dicke dennoch in Erstaunen (Abb. 42). Man behauptet, der Stamm dieses Baumes, der in mehreren sehr alten Urkunden erwähnt wird, weil er als Grenzmarke eines Feldes diente, sei schon im 15. Jahrhundert so ungeheuer dick gewesen wie jetzt. Seine Höhe schätzten wir auf 16 bis 19,5 m; sein Umfang nahe über den Wurzeln beträgt 14,6 m. Weiter oben konnten wir nicht messen, aber Sir Georg Staunton hat gefunden, daß 3,25 m über dem Boden der Stamm noch 3,90 m im Durchmesser hat, was gut mit Bordas Angabe übereinstimmt, der den mittleren Umfang zu 10,93 m angibt. Der Stamm teilt sich in viele Äste, die kronleuchterartig aufwärts ragen und an den Spitzen Blätterbüschel tragen, ähnlich der Yucca im Tale von Mexiko. Durch diese Teilung in Äste unterscheidet sich sein Habitus wesentlich von dem der Palmen.

Der in Herrn Franquis Garten trägt noch jedes Jahr Blüten und Früchte. Sein Anblick mahnt lebhaft an »die ewige Jugend der Natur« des Aristoteles, die eine unerschöpfliche Quelle von Bewegung und Leben ist.

Der Drachenbaum, der nur in den angebauten Strichen der Kanarien, auf Madeira und Porto Santo vorkommt, ist eine merkwürdige Erscheinung in Beziehung auf die Wanderung der Gewächse. Auf dem Kontinent von Afrika ist er nirgends wild gefunden worden, und Ostindien ist sein eigentliches Vaterland. Der im Handel unter dem Namen Drachenblut bekannte adstringierende Saft kommt nach unseren Untersuchungen an Ort und Stelle von verschiedenen amerikanischen Pflanzen, die nicht derselben Gattung angehören. Auf welchem Wege ist der Baum nach Teneriffa verpflanzt worden, wo er gar nicht häufig vorkommt? Ist sein Dasein ein Beweis dafür, daß in sehr entlegener Zeit die Guanchen mit anderen, mit asiatischen Völkern in Verkehr gestanden haben?

Von Villa de Orotava gelangten wir auf einem schmalen steinigen Pfade durch einen schönen Kastanienwald (*el Monte de Castaños*) in eine Gegend, die mit einigen Lorbeerarten und der baumartigen Heide bewachsen ist. Der Stamm der letzteren wird hier ausnehmend dick, und die Blüten, mit denen der Strauch einen großen Teil des Jahres bedeckt ist, stechen angenehm ab von den Blüten des *Hypericum canariense*, das in dieser Höhe sehr häufig vorkommt. Wir machten unter einer schönen Tanne halt, um uns mit Wasser zu versehen. Dieser Platz ist im Lande unter dem Namen *Pino del Dornajito* bekannt; seine Meereshöhe beträgt nach Bordas barometrischer Messung 1017 m. Man hat da eine prachtvolle Aussicht auf das Meer und die ganze Westseite der Insel. Beim *Pino del Dornajito*, etwas rechts vom Wege, sprudelt eine ziemlich reiche Quelle; wir tauchten ein Thermometer hinein, es fiel auf 15,4°. Quellenbildung setzt eine gewisse Regelmäßigkeit im Streichen und Fallen der Schichten voraus. Auf vulkanischem Boden verschluckt das löcherige, zerklüftete Gestein das Regenwasser und läßt es in große Tiefen versinken. Deshalb sind die Kanarien größtenteils so dürr, trotzdem, daß ihre Berge so ansehnlich sind und der Schiffer fortwährend gewaltige Wolkenmassen über dem Archipel gelagert sieht.

Vom *Pino del Dornajito* bis zum Krater zieht sich der Weg bergan, aber durch kein einziges Tal mehr; denn die kleinen Schluchten (*Barrancos*) verdienen diesen Namen nicht. Geologisch betrachtet, ist die ganze Insel Teneriffa nichts als ein Berg, dessen fast eiförmige Grundfläche sich gegen Nordost verlängert, und der mehrere Systeme vulkanischer, zu verschiedenen Zeiten gebildeter Gebirgsarten aufzuweisen hat. Was man im Lande für besondere Vulkane ansieht, wie der **Chahorra** oder **Montaña Colorada** und die **Urca**, das sind nur Hügel, die sich an den Pic lehnen und seine Pyramide maskieren. Der große Vulkan, dessen Seitenausbrüche mächtige Vorgebirge gebildet haben, liegt indessen nicht genau in der Mitte der Insel, und diese Eigentümlichkeit im Bau erscheint weniger auffallend, wenn man sich erinnert, daß nach der Ansicht eines ausgezeichneten Mineralogen (Cordier) vielleicht nicht der kleine Krater im Piton die Hauptrolle bei den Umwälzungen der Insel Teneriffa gespielt hat. Auf die Region der baumartigen Heiden, **Monte Verde** genannt, folgt die der Farne. Nirgends in der gemäßigten Zone habe ich *Pteris*, *Blechnum* und *Asplenium* in solcher Menge gesehen; indessen hat keines dieser Gewächse den Wuchs der Baumfarn, die in Südamerika, in 1000 bis 1200 Meter Höhe, ein Hauptschmuck der Wälder sind. Die Wurzel der *Pteris aquilina* dient den Bewohnern von Palma und Gomera zur Nahrung; sie zerreiben sie zu Pulver und mischen ein wenig Gerstenmehl darunter. Dieses

Gemisch wird geröstet und heißt **Gofio**; ein so rohes Nahrungsmittel ist ein Beweis dafür, wie elend das niedere Volk auf den Kanarien lebt.

Der Monte Verde wird von mehreren kleinen, sehr dürren Schluchten (*cañadas*) durchzogen. Über der Region der Farne kommt man durch ein Gehölz von Wachholderbäumen (*cedro*) und Tannen, das durch die Stürme sehr gelitten hat. An diesem Ort, den einige Reisende *la Caravela* nennen, will Edens kleine Flammen gesehen haben, die er nach den physikalischen Begriffen seiner Zeit schwefligen Ausdünstungen zuschreibt, die sich von selbst entzünden. Es ging immer aufwärts bis zum Felsen **Gayta** oder **Portillo**; hinter diesem Engpaß, zwischen zwei Basalthügeln, betritt man die große Ebene des Ginsters (*los Llanos del Retama*). Bei Laperouse' Expedition hatte Manneron den Pic bis zu dieser etwa 2730 m über dem Meere gelegenen Ebene gemessen, er hatte aber wegen Wassermangels und des üblen Willens der Führer die Messung nicht bis zum Gipfel des Vulkans fortsetzen können. Das Ergebnis dieser zu zwei Dritteilen vollendeten Operation ist leider nicht nach Europa gelangt, und so ist das Geschäft von der Küste an noch einmal vorzunehmen. (Abb. 24)

Wir brauchten gegen zwei und eine halbe Stunde, um über die Ebene des Ginsters zu kommen, die nichts ist als ein ungeheures Sandmeer. Trotz der hohen Lage zeigte hier das hundertteilige Thermometer gegen Sonnenuntergang 13,8°, das heißt 3,7° mehr als mitten am Tage auf dem Monte Verde. Dieser höhere Wärmegrad kann nur von der

Strahlung des Bodens und von der weiten Ausdehnung der Hochebene herrühren. Wir litten sehr vom erstickenden Bimssteinstaub, in den wir fortwährend gehüllt waren. Mitten in der Ebene stehen Büsche von **Retama**, dem *Spartium nubigenum* Aitons. Dieser schöne Strauch, den De Martinière in Languedoc, wo Feuermaterial selten ist, einzuführen rät, wird drei Meter hoch, er ist mit wohlriechenden Blüten bedeckt, und die Ziegenjäger, denen wir unterwegs begegneten, hatten ihre Strohhüte damit geschmückt. Die dunkelbraunen Ziegen des Pics gelten für Leckerbissen; sie nähren sich von den Blättern des Spartium und sind in diesen Einöden seit unvordenklicher Zeit verwildert. Man hat sie sogar nach Madeira verpflanzt, wo sie geschätzter sind als die Ziegen aus Europa.

Bis zum Felsen Gayta, das heißt bis zum Anfang der großen Ebene des Ginsters ist der Pic von Teneriffa mit schönem Pflanzenwuchs überzogen, und nichts weist auf Verwüstungen in neuerer Zeit hin. Man meint einen Vulkan zu besteigen, dessen Feuer so lange erloschen ist, wie das des Monte Cavo bei Rom. Kaum hat man die mit Bimsstein bedeckte Ebene betreten, so nimmt die Landschaft einen ganz andern Charakter an; bei jedem Schritt stößt man auf ungeheure Obsidianblöcke, die der Vulkan ausgeworfen. Alles ringsum ist öd und still; ein paar Ziegen und Kaninchen sind die einzigen Bewohner dieser Hochebene. Das unfruchtbare Stück des Pics mißt über zehn Quadratmeilen, und da die unteren Regionen, von ferne gesehen, in Verkürzung erscheinen, so stellt sich die ganze Insel als ein ungeheurer

Haufen verbrannten Gesteins dar, um den sich die Vegetation nur wie ein schmaler Gürtel zieht.

Über der Region des *Spartium nubigenum* kamen wir durch enge Schründe und kleine, sehr alte, vom Regenwasser ausgespülte Schluchten zuerst auf ein höheres Plateau und dann an den Ort, wo wir die Nacht zubringen sollten. Dieser Platz, der mehr als 2980 m über der Küste liegt, heißt *Estancia de los Ingleses*, ohne Zweifel weil früher die Engländer den Pic am häufigsten besuchten. Zwei überhängende Felsen bilden eine Art Höhle, die Schutz gegen den Wind bietet. Bis zu diesem Ort, der bereits höher liegt als der Gipfel des Canigu, kann man auf Maultieren gelangen; viele Neugierige, die beim Abgang von Orotava den Kraterrand erreichen zu können glaubten, bleiben daher hier liegen. Obgleich es Sommer war und der schöne Kälte zu leiden. Das Thermometer fiel auf 5 Grad. Unsere Führer machten ein großes Feuer von dürren Zweigen der Retama an. Ohne Zelt und Mäntel lagerten wir uns auf Haufen verbrannten Gesteins, und die Flammen und der Rauch, die der Wind beständig gegen uns her trieb, wurden uns sehr lästig. Wir hatten noch nie eine Nacht in so bedeutender Höhe zugebracht, und ich ahnte damals nicht, daß wir einst in Städten wohnen würden, die höher liegen als die Spitze des Vulkans, den wir morgen vollends besteigen sollten. Je tiefer die Temperatur sank, desto mehr bedeckte sich der Pic mit dicken Wolken. Bei Nacht stockt der Zug des Stroms, der den Tag über von den Ebenen in die hohen Luftregionen aufsteigt, und im Maße, als sich die Luft abkühlt, nimmt auch ihre das Wasser auflösende Kraft ab. Ein sehr starker Nordwind jagte die Wolken; von Zeit zu Zeit brach der Mond durch das Gewölk, und seine Scheibe glänzte auf tiefdunkelblauem Grunde; im Angesicht des Vulkans hatte diese nächtliche Szene etwas wahrhaft Großartiges. Der Pic verschwand bald gänzlich im Nebel, bald erschien er unheimlich nahe gerückt und warf wie eine ungeheure Pyramide seinen Schatten auf die Wolken unter uns.

Gegen drei Uhr morgens brachen wir beim trüben Schein einiger Kienfackeln nach der Spitze des Piton auf. Man beginnt die Besteigung an der Nordostseite, wo der Abhang ungemein steil ist, und wir gelangten nach zwei Stunden auf ein kleines Plateau, das seiner isolierten Lage wegen *Alta Vista* heißt. Hier halten sich auch die *Neveros* auf, das heißt die Eingeborenen, die gewerbsmäßig Eis und Schnee suchen und in den benachbarten Städten verkaufen. Ihre Maultiere, die das Klettern mehr gewöhnt sind als die, welche man den Reisenden gibt, gehen bis zur Alta Vista, und die Neveros müssen den Schnee dahin auf dem Rücken tragen. Über diesem Punkte beginnt das *Malpaís*, wie man in Mexiko, in Peru und überall, wo es Vulkane gibt, einen von Dammerde entblößten und mit Lavabruchstücken bedeckten Landstrich nennt.

Wir bogen rechts vom Wege ab, um die **Eishöhle** zu besehen, die in 3370 m Höhe liegt, also unter der Grenze des ewigen Schnees in dieser Breite. Wahrscheinlich rührt die Kälte, die in dieser Höhle herrscht, von derselben Ursache her, aus denen sich das Eis in den Gebirgsspalten des Jura und der Pyrenäen erhält. Das Eis scheint sich hier durch seine starke Anhäufung zu halten, und weil der Prozeß des Schmelzens durch die bei rascher Verdunstung erzeugte Kälte verlangsamt wird. Dieser kleine unterirdische Gletscher liegt an einem Ort, dessen mittlere Temperatur schwerlich unter 3° beträgt, und er wird nicht, wie die eigentlichen Gletscher der Alpen, vom Schneewasser gespeist, das von den Berggipfeln herabkommt. Während des Winters füllt sich die Höhle mit Schnee und Eis, und da die Sonnenstrahlen nicht über den Eingang hinaus eindringen, so ist die Sonnenwärme nicht imstande, den Behälter zu leeren. Die Bildung einer natürlichen Eisgrube hängt also nicht sowohl ab von der absoluten Höhe der Felsspalte und der mittleren Temperatur der Luftschicht, in der sie sich befindet, als von der Masse des Schnees, der hineinkommt, und von der geringen Wirkung der warmen Winde im Sommer.

Der Tag brach an, als wir die Eishöhle verließen. Da beobachteten wir in der Dämmerung eine Erscheinung, die auf hohen Bergen häufig ist, die aber bei der Lage des Vulkanes, auf dem wir uns befanden, besonders auffallend hervortrat. Eine weiße, flockige Wolkenschicht entzog das Meer und die niedrigeren Regionen der Insel unseren Blicken. Die Schicht schien nicht über 1560 m hoch; die Wolken waren so gleichmäßig verbreitet und lagen so genau in einer Fläche, daß sie sich ganz wie eine ungeheure mit Schnee bedeckte Ebene darstellten. Die kolossale Pyramide des Pics, die vulkanischen Gipfel von Lanzarote, Fuerteventura und Palma ragten wie

Klippen aus dem weiten Dunstmeere empor. Ihre dunkle Färbung stach grell vom Weiß der Wolken ab.

Während wir auf den zertrümmerten Laven des Malpaís emporklommen, wobei wir oft die Hände zu Hilfe nehmen mußten, beobachteten wir eine merkwürdige optische Erscheinung. Wir glaubten gegen Ost kleine Raketen in die Luft steigen zu sehen. Leuchtende Punkte, 7-8 Grad über dem Horizont, schienen sich zuerst senkrecht aufwärts zu bewegen, aber allmählich ging die Bewegung in eine wagerechte Oszillation über, die acht Minuten anhielt. Unsere Reisegefährten, sogar die Führer äußerten ihre Verwunderung über die Erscheinung, ohne daß wir sie darauf aufmerksam zu machen brauchten. Auf den ersten Blick glaubten wir, diese sich hin und her bewegenden Lichtpunkte seien die Vorläufer eines neuen Ausbruchs des großen Vulkanes von Lanzarote. Wir erinnerten uns, daß Bouguer und La Condamine bei der Besteigung des Vulkanes Pichincha den Ausbruch des Cotopaxi mit angesehen hatten; aber die Täuschung dauerte nicht lange, und wir sahen, daß die Lichtpunkte die durch die Dünste vergrößerten Bilder verschiedener Sterne waren. Die Bilder standen periodisch still, dann schienen sie senkrecht aufzusteigen, sich zur Seite abwärts zu bewegen und wieder am Ausgangspunkt anzugelangen. Diese Bewegung dauerte eine bis zwei Sekunden. Wir hatten keine Mittel zur Hand, um die Größe der seitlichen Verrückung genau zu messen, aber den Lauf des Lichtpunktes konnten wir ganz gut beobachten. Er erschien nicht doppelt durch Luftspiegelung und ließ keine leuchtende Spur hinter sich. Als ich im Fernrohr eines kleinen Troughtonschen Sextanten die Sterne mit einem hohen Berggipfel auf Lanzarote in Kontakt brachte, konnte ich sehen, daß die Oszillation beständig gegen denselben Punkt hinging, nämlich gegen das Stück des Horizontes, wo die Sonnenscheibe erscheinen sollte, und daß, abgesehen von der Deklinationsbewegung des Sternes, das Bild immer an denselben Fleck zurückkehrte. Diese scheinbaren seitlichen Refraktionen hörten auf, lange bevor die Sterne vor dem Tageslicht gänzlich verschwanden. Ich habe hier genau wiedergegeben, was wir in der Dämmerung beobachteten, versuche aber keine Erklärung der auffallenden Erscheinung, die ich schon vor zwölf Jahren in Zachs astronomischem Tagebuch bekannt gemacht habe. Die Bewegung der Dunstbläschen in Folge des Sonnenaufgangs, die Mischung verschiedener, in Temperatur und Dichtigkeit sehr von einander abweichenden Luftschichten haben ohne Zweifel zu der Verrückung der Gestirne in horizontaler Richtung das ihrige beigetragen.

Ich wünschte in so bedeutender Höhe wie die, welche wir am Pic von Teneriffa erreicht hatten, den Moment des Sonnenaufganges genau zu beobachten. Kein mit Instrumenten versehener Reisender hatte noch eine solche Beobachtung angestellt. Ich hatte ein Fernrohr und ein Chronometer, dessen Gang mir sehr genau bekannt war. Der Himmelsstrich, wo die Sonnenscheibe erscheinen sollte, war dunstfrei. Wir sahen den obersten Rand um 4 Uhr 48' 55" wahrer Zeit, und, was ziemlich auffallend ist, der

erste Lichtpunkt der Scheibe berührte unmittelbar
die Grenze des Horizontes.

Wir wunderten uns, wie ungemein langsam der
untere Rand der Sonne sich vom Horizont zu lösen
schien. Dieser Rand wurde erst um 4 Uhr 56' 56"
sichtbar. Die stark abgeplattete Sonnenscheibe war
scharf begrenzt; es zeigte sich während des Aufgangs
weder ein doppeltes Bild noch eine Verlängerung des
untern Randes. Der Sonnenaufgang dauerte dreimal
länger, als wir in dieser Breite hätten erwarten sollen,
und so ist anzunehmen, daß eine sehr gleichförmig
verbreitete Dunstschicht den wahren Horizont ver-
deckte und der aufsteigenden Sonne nachrückte.
Trotz des Schwankens der Sterne, das wir vorhin
im Osten beobachtet, kann man die Langsamkeit
des Sonnenaufgangs nicht wohl einer ungewöhnlich starken Brechung der vom Meereshorizont zu
uns gelangenden Strahlen zuschreiben; denn, wie
le Gentil es täglich in Pondichery und ich öfters in
Cumana beobachtet haben, erniedrigt sich der Horizont gerade bei Sonnenaufgang, weil die Temperatur
der Luftschicht unmittelbar auf der Meeresfläche
sich erhöht.

Der Weg, den wir uns durch das Malpaís bah-
nen mußten, ist äußerst ermüdend. Der Abhang
ist steil und die Lavablöcke wichen unter unseren
Füßen. Ich kann dieses Stück des Weges nur mit den
Moränen der Alpen vergleichen, jenen Haufen von
Rollsteinen, welche am unteren Ende der Gletscher
liegen; die Lavatrümmer auf dem Pic haben aber
scharfe Kanten und lassen oft Lücken, in die man
Gefahr läuft bis zum halben Körper zu fallen. Leider

trug die Faulheit und der üble Wille unserer Führer viel dazu bei, uns das Aufsteigen sauer zu machen; sie glichen weder den Führern im Chamonixtal noch jenen gewandten Guanchen, von denen die Sage geht, daß sie ein Kaninchen oder eine wilde Ziege im Laufe fingen. Unsere kanarischen Führer waren träg zum Verzweifeln; sie hatten tags zuvor uns bereden wollen, nicht über die Station bei den Felsen hinaufzugehen; sie setzten sich alle zehn Minuten nieder, um auszuruhen; sie warfen hinter uns die Handstücke Obsidian und Bimsstein, die wir sorgfältig gesammelt hatten, weg, und es kam heraus, daß noch keiner auf dem Gipfel des Vulkanes gewesen war.

Nach dreistündigem Marsch erreichten wir das Ende des Malpaís bei einer kleinen Ebene, *la Rambleta* genannt; aus ihrem Mittelpunkte steigt der Piton oder Zuckerhut empor. Gegen Orotava zu gleicht der Berg jenen Treppenpyramiden in Fejoum und Mexiko, denn die Plateaus der Retama und die Rambleta bilden zwei Stockwerke, deren ersteres viermal höher ist als letzteres. Nimmt man die ganze Höhe des Pics zu 3710 m an, so liegt die Rambleta 3546 m über dem Meere. Hier befinden sich die Luftlöcher, welche bei den Eingeborenen **Nasenlöcher des Pics** *(Narices del Pico)* heißen. Aus mehreren Spalten im Gestein dringen hier in Absätzen warme Wasserdünste; wir sahen das Thermometer darin auf 43,2° steigen; Labillardière hatte acht Jahre vor uns diese Dämpfe 53,7° heiß gefunden, ein Unterschied, der vielleicht nicht sowohl auf eine Abnahme der vulkanischen Tätigkeit als auf einen lokalen Wechsel in der Erhitzung der Bergwände hindeutet. Die Dämpfe sind geruchlos und scheinen reines Wasser. Alles weist also darauf hin, daß der Pic von Teneriffa, gleich den Vulkanen der Anden und der Insel Luzon, im Inneren große Höhlungen hat, die mit atmosphärischem Wasser gefüllt sind, das einfach durchgesickert ist. Die Wasserdämpfe, welche die Naslöcher und die Spalten im Krater ausstoßen, sind nichts als dieses selbe Wasser, das durch die Wände, über die es fließt, erhitzt wird.

Wir hatten jetzt noch den steilsten Teil des Berges, der die Spitze bildet, den Piton, zu ersteigen. Der Abhang dieses kleinen, mit vulkanischer Asche und Bimssteinstücken bedeckten Kegels ist so schroff, daß es fast unmöglich wäre, auf den Gipfel zu gelangen, wenn man nicht einem alten Lavastrom nachginge, der aus dem Krater geflossen scheint und dessen Trümmer dem Zahn der Zeit getrotzt haben. Diese Trümmer bilden eine verschlackte Felswand, die sich mitten durch die lose Asche hinzieht. Wir erstiegen den Piton, indem wir uns an diesen Schlacken anklammerten, die scharfe Kanten haben und, halb verwittert, wie sie sind, uns nicht selten in der Hand blieben. Wir brauchten gegen eine halbe Stunde, um einen Hügel zu ersteigen, dessen senkrechte Höhe kaum 175 m beträgt. Unter allen Vulkanen, die ich besucht, ist nur der Jorullo in Mexiko noch schwerer zu besteigen, weil der ganze Berg mit loser Asche bedeckt ist.

Wenn der Zuckerhut mit Schnee bedeckt ist, wie bei Eintritt des Winters, so kann die Steilheit des Abhanges den Reisenden in die größte Gefahr bringen. Legros zeigte uns die Stelle, wo Kapitän Baudin auf seiner Reise nach Teneriffa beinahe ums Leben gekommen wäre. Mutig hatte er gegen Ende Dezember 1797 mit den Naturforschern Advenier, Mauger und Riedlé die Besteigung des Gipfels des Vulkanes unternommen. In der halben Höhe des Kegels fiel er und rollte bis zur kleinen Ebene Rambleta hinunter; zum Glück machte ein mit Schnee bedeckter Lavahaufen, daß er nicht noch weiter mit beschleunigter Geschwindigkeit hinabflog.

Auf der Spitze des Piton angelangt, wunderten wir uns nicht wenig, daß wir kaum Platz fanden, bequem niederzusitzen. Wir standen vor einer kleinen kreisförmigen Mauer aus porphyrartiger Lava mit Pechsteinbasis; diese Mauer hinderte uns, in den Krater hinabzusehen. Der Wind blies so heftig aus West, daß wir uns kaum auf den Beinen halten konnten. Es war acht Uhr morgens, und wir waren starr vor Kälte, obgleich das Thermometer etwas über dem Gefrierpunkt stand.

Der Krater des Pics hat, was den Rand betrifft, mit den Kratern der meisten anderen Vulkane, die ich besucht, z. B. mit dem des Vesuvs, des Jorullo und Pipincha, keine Ähnlichkeit. Bei diesen behält der Piton seine Kegelgestalt bis zum Gipfel; der ganze Abhang ist im selben Winkel geneigt und gleichförmig mit einer Schicht sehr fein zerteilten Bimssteines bedeckt. Beim Pic von Teneriffa ist der Kamm, der wie eine Brustwehr um den Krater läuft, so hoch, daß er gar nicht zur **Caldera** gelangen ließe, wenn sich nicht gegen Ost eine Lücke darin befände, die von einem sehr alten Lavterguß herzurühren scheint. Durch diese Lücke stiegen wir auf den Boden des Trichters hinab, der elliptisch ist; die große Achse läuft von Nordwest nach Südost, etwa Nord 35° Ost. Die größte Breite der Öffnung schätzten wir auf 97 m, die kleinste auf 65 m.

Man sieht leicht ein, daß die Größe eines Kraters nicht allein von der Höhe und der Masse des Berges abhängt, dessen Hauptöffnung er bildet. Beim Vesuv, der gegen den Pic von Teneriffa nur ein Hügel ist, hat der Krater einen fünfmal größeren Durchmesser. Bedenkt man, daß sehr hohe Vulkane aus ihrem Gipfel weniger Stoffe auswerfen als aus Seitenspalten, so könnte man versucht sein anzunehmen, daß, je niedriger die Vulkane sind, ihre Krater, bei gleicher Kraft und Tätigkeit, desto größer sein müßten.

Die äußeren Ränder der **Caldera** sind beinahe senkrecht; sie stellen sich ungefähr dar wie die Somma, vom Atrio dei Cavalli aus gesehen. Wir stiegen auf den Boden des Kraters auf einem Streif zerbrochener Laven, der zu der Lücke in der Umfassungsmauer hinaufläuft. Hitze war nur über einigen Spalten zu spüren, aus denen Wasserdampf mit einem eigentümlichen Sumsen strömte. Einige dieser Luftlöcher oder Spalten befinden sich außerhalb des Kraterumfanges, am äußeren Rand der Brüstung, welche den Krater umgibt. Ein in dieselben gebrachtes Thermometer stieg rasch auf 68 und 75 Grad. Er zeigte ohne Zweifel eine noch höhere Temperatur an, aber wir konnten das Instrument erst ansehen, nachdem wir es herausgezogen, wollten wir uns nicht die Hände verbrennen. Cordier hat mehrere

Spalten gefunden, in denen die Hitze der des siedenden Wassers gleich war. Man könnte glauben, diese Dämpfe, die stoßweise hervorkommen, enthalten Salzsäure oder Schwefelsäure; läßt man sie aber an einem kalten Körper sich verdichten, zeigen sie keinen besondern Geschmack, und die Versuche mehrerer Physiker mit Reagentien beweisen, daß die Fumarolen des Pic nur reines Wasser aushauchen; diese Erscheinung, die mit meinen Beobachtungen im Krater des Jorullo übereinstimmt, verdient desto mehr Aufmerksamkeit, als Salzsäure in den meisten Vulkanen in großer Menge vorkommt und Bauquelin sogar in den porphyrähnlichen Laven von Sarcouy in der Auvergne Salzsäure gefunden hat.

Ich habe an Ort und Stelle die Ansicht des inneren Kraterrandes gezeichnet, wie er sich darstellt, wenn man durch die gegen Ost gelegene Lücke hinabsteigt (Abb. 27). Nichts merkwürdiger als diese Aufeinanderlagerung von Lavaschichten, die Krümmungen zeigen wie rder Alpenkalkstein. Diese ungeheuren Bänke sind bald wagrecht, bald geneigt und wellenförmig gewunden, und alles weist darauf hin, daß einst die ganze Masse flüssig war und daß mehrere störende Ursachen zusammenwirkten, um jedem Strom seine bestimmte Richtung zu geben. An der oben umlaufenden Mauer sieht man das seltsame Astwerk, wie man es an der entschwefelten Steinkohle beobachtet. Der nördliche Rand ist der höchste; gegen Südwest erniedrigt sich die Mauer bedeutend, und am äußersten Rand ist eine ungeheure verschlackte Lavamasse angebacken. Gegen West ist das Gestein durchbrochen, und durch eine weite

Spalte sieht man den Meereshorizont. Vielleicht hat die Gewalt der elastischen Dämpfe im Moment, wo die im Krater aufgestiegene Lava überquoll, hier durchgerissen.

Das Innere des Trichters weist darauf hin, daß der Vulkan seit Jahrtausenden nur noch aus seinen Seiten Feuer gespieen hat. Diese Behauptung gründet sich nicht darauf, weil sich am Boden der Caldera keine großen Öffnungen zeigen, wie man erwarten könnte. Die Physiker, die die Natur selbst beobachtet haben, wissen, daß viele Vulkane in der Zwischenzeit zweier Ausbrüche ausgefüllt und fast erloschen scheinen, daß sich dann aber im vulkanischen Schlund Schichten sehr rauher, klingender und glänzender Schlacken finden. Man bemerkt kleine Erhöhungen, Auftreibungen durch die elastischen Dämpfe, kleine Schlacken- und Aschenkegel, unter denen die Öffnungen liegen. Der Krater des Pic von Teneriffa zeigt keines dieser Merkmale; sein Boden ist nicht im Zustand geblieben, wie ein Ausbruch ihn zurückläßt. Durch den Zahn der Zeit und den Einfluß der Dämpfe sind die Wände abgebröckelt und haben das Becken mit großen Blöcken steiniger Lava bedeckt.

Man gelangt gefahrlos auf den Boden des Kraters. Bei einem Vulkan, dessen Haupttätigkeit vom Gipfel zu geht, wie beim Vesuv, wechselt die Tiefe des Kraters vor und nach jedem Ausbruch; auf dem Pic von Teneriffa dagegen scheint die Tiefe seit langer Zeit sich gleich geblieben zu sein. Edens schätzte sie im Jahre 1715 auf 37 m, Cordier im Jahr 1803 auf 35 m. Nach dem Augenmaß hätte ich geglaubt, daß der Trichter nicht einmal so tief wäre. In seinem jetzigen Zustand ist er eigentlich eine Solfatare; er ist ein weites Feld für interessante Beobachtungen, aber imposant ist sein Anblick nicht. Großartig wird der Punkt nur durch die Höhe über dem Meeresspiegel, durch die tiefe Stille in dieser hohen Region, durch den unermeßlichen Erdraum, den das Auge auf der Spitze des Berges überblickt.

Die Reisenden wissen aus Erfahrung, daß man auf der Spitze hoher Berge selten eine so schöne Aussicht hat und so mannigfaltige malerische Effekte beobachtet als auf Gipfeln von der Höhe des Vesuvs, des Rigi, des Puy de Dome. Kolossale Berge wie der Chimborazo, der Antisana oder der Montblanc haben eine so große Masse, daß man die mit reichem Pflanzenwuchs bedeckten Ebenen nur in großer Entfernung sieht und ein bläulicher Duft gleichförmig auf der ganzen Landschaft liegt. Durch seine schlanke Gestalt und seine eigentümliche Lage vereinigt nun der Pic von Teneriffa die Vorteile niedrigerer Gipfel mit denen, wie sehr bedeutende Höhen sie bieten. Man erblickt auf seiner Spitze nicht allein einen ungeheuren Meereshorizont, der über die höchsten Berge der benachbarten Inseln hinaufreicht, man sieht auch die Wälder von Teneriffa und die bewohnten Küstenstriche so nahe, daß noch Umrisse und Farben in den schönsten Kontrasten hervortreten. Es ist, als ob der Vulkan die kleine Insel, die ihm zur Grundlage dient, erdrückte; er steigt aus dem Schoße des Meeres dreimal höher auf, als die Wolken im Sommer ziehen. Wenn sein seit Jahrhunderten halb erloschener Krater Feuergarben auswürfe wie der Stromboli der äolischen Inseln, so würde der Pic von Teneriffa dem Schiffer in einem Umkreis von mehr als 1170 km als Leuchtturm dienen.

Wir lagerten uns am äußersten Rande des Kraters und blickten zuerst nach Nordwest, wo die Küsten mit Dörfern und Weilern geschmückt sind. Der Hafen von Orotava, die darin ankernden Schiffe, die Gärten und Weinberge um die Stadt wurden durch eine Öffnung sichtbar, welche jeden Augenblick größer zu werden schien. Aus diesen einsamen Regionen blickten wir nieder in eine bewohnte Welt; wir ergötzten uns am lebhaften Kontrast zwischen den dürren Flanken des Pics, seinen mit Schlacken bedeckten steilen Abhängen, seinen pflanzenlosen Plateaus, und dem lachenden Anblick des bebauten Landes; wir sahen, wie sich die Gewächse nach der mit der Höhe abnehmenden Temperatur in Zonen verteilten. Unter dem Piton beginnen Flechten die verschlackten, glänzenden Laven zu überziehen; ein Veilchen (*Viola cheiranthifolia*), das der *Viola decumbens* nahe steht, geht am Abhang des Vulkanes bis zu 3390 m Höhe, höher nicht allein als die anderen krautartigen Gewächse, sondern sogar höher als die Gräser, welche in den Alpen und auf dem Rücken der Kordilleren unmittelbar an die Gewächse aus der Familie der Kryptogamen stoßen. Mit Blüten bedeckte Retamabüsche schmücken die kleinen, von den Regenströmen eingerissenen und durch die Seitenausbrüche verstopften Täler; unter der Retama folgt die Region der Farne und auf diese die der baumartigen Heiden. Wälder von Lorbeeren,

Rhamnus und Erdbeerbäumen liegen zwischen den Heidekräutern und den mit Reben und Obstbäumen bepflanzten Geländen. Ein reicher grüner Teppich breitet sich von der Ebene der Ginster und der Zone der Alpenkräuter bis zu den Gruppen von Dattelpalmen und Musen, deren Fuß das Weltmeer zu bespülen scheint. Ich deute hier nur die Hauptzüge dieser Pflanzenkarte an; im Folgenden gebe ich einiges Nähere über die Pflanzengeographie der Insel Teneriffa.

Daß auf der Spitze des Pics die Dörfchen, Weinberge und Gärten an der Küste einem so nahe gerückt scheinen, dazu trägt die erstaunliche Durchsichtigkeit der Luft viel bei. Trotz der bedeutenden Entfernung erkannten wir nicht nur die Häuser, die Baumstämme, das Takelwerk der Schiffe, wir sahen auch die reiche Pflanzenwelt der Ebenen in den lebhaftesten Farben glänzen. Wenn man von der Südsee her auf die Hochebene von Quito oder Antisana kommt, so wundert man sich in den ersten Tagen, wie nahe gerückt Gegenstände erscheinen, die 32 bis 36 km entfernt sind. Der Pic des Teide genießt nun zwar nicht des Vorteils, unter den Tropen zu liegen, aber die Trockenheit der Luftsäulen, welche fortwährend über den benachbarten afrikanischen Ebenen aufsteigen und die die Westwinde rasch herbeiführen, verleiht der Luft der Kanarischen Inseln eine Durchsichtigkeit, hinter der nicht nur die Luft Neapels und Siziliens, sondern vielleicht sogar der klare Himmel Perus und Quitos zurückstehen.

Umsonst verlängerten wir unseren Aufenthalt auf dem Gipfel des Pics, des Momentes harrend, wo wir den ganzen Archipel der glückseligen Inseln wür-

den übersehen können. Wir sahen zu unseren Füßen
Palma, Gomera und die große Canaria. Die Berge
von Lanzarote, die bei Sonnenaufgang dunstfrei
gewesen waren, hüllten sich bald wieder in dichte
Wolken. Nur die gewöhnliche Refraktion voraus-
gesetzt, übersieht das Auge bei hellem Wetter vom
Gipfel des Vulkanes ein Stück Erdoberfläche von
115.000 qkm, also so viel als ein Vierteil der Oberfläche Spaniens. Oft ist die Frage aufgeworfen worden, ob man von dieser ungeheuren Pyramide die
afrikanische Küste sehen könne. Aber die nächsten
Striche dieser Küste sind 2° 49' im Bogen, oder
252 km entfernt. Liest man die Berichte spanischer
und portugiesischer Schriftsteller über die Existenz
der fabelhaften Insel San Borondon oder Antilia,
so sieht man, daß in diesen Strichen vorzüglich der
feuchte West-Süd-Westwind Luftspiegelungen zur
Folge hat; indessen wollen wir nicht mit Viera glauben, »daß durch das Spiel der irdischen Refraktion
die Inseln des grünen Vorgebirges, ja sogar die Appa-
lachen in Amerika den Bewohnern der Kanarien
sichtbar werden können«.

Die Kälte, die wir auf dem Gipfel des Pics
empfanden, war für die Jahreszeit sehr bedeutend.
Das hundertteilige Thermometer zeigte entfernt vom
Boden und von den Fumarolen, die heiße Dämpfe
ausstoßen, im Schatten 2,7°. Der Wind war West,
also dem entgegengesetzt, der einen großen Teil des
Jahres Teneriffa die heiße Luft zuführt, die über den
glühenden Wüsten Afrikas aufsteigt.

Wir sahen auf dem Gipfel des Pics keine Spur
von *Psora*, *Lecidium* oder andern Kryptogamen, kein

Insekt flatterte in der Luft. Indessen findet man hie und da ein hautflügliges Insekt an den Schwefelmassen angeklebt, die von schwefliger Säure feucht sind und die Öffnungen der Fumarolen auskleiden. Es sind Bienen, die wahrscheinlich die Blüten des *Spartium nubigenum* aufgesucht hatten und vom Winde schief aufwärts in diese Höhe getrieben worden waren. Die letzteren gehen durch die Kälte zu Grunde, während die Bienen auf dem Pic geröstet werden, wenn sie unvorsichtig den Spalten, an denen sie sich wärmen wollen, zu nahe kommen.

Trotz dieser Wärme, die man am Rande des Kraters unter den Füßen spürt, ist der Aschenkegel im Winter mehrere Monate mit Schnee bedeckt. Wahrscheinlich bilden sich unter der Schneehaube große Höhlungen, ähnlich denen unter den Gletschern in der Schweiz, die beständig eine niedrigere Temperatur haben als der Boden, auf dem sie ruhen. Der heftige kalte Wind, der seit Sonnenaufgang blies, zwang uns, am Fuße des Piton Schutz zu suchen. Hände und Gesicht waren uns erstarrt, während unsere Stiefel auf dem Boden, auf den wir den Fuß setzten, verbrannten. In wenigen Minuten waren wir am Fuß des Zuckerhutes, den wir so mühsam erklommen, und diese Geschwindigkeit war zum Teil unwillkürlich, da man häufig in der Asche hinunterrutschte. Ungern schieden wir von dem einsamen Ort, wo sich die Natur in ihrer ganzen Großartigkeit vor uns auftut.

Wir gingen langsam durch das Malpaís; auf losen Lavablöcken tritt man nicht sicher auf. Der Station bei den Felsen zu wird der Weg abwärts äußerst beschwerlich; der dichte kurze Rasen ist so glatt, daß man sich beständig nach hinten überbeugen muß, um nicht zu stürzen. Wir hatten gar kein Wasser; die Führer hatten nicht allein den kleinen Vorrat Malvasier, den wir der freundlichen Vorsorge Cologans verdankten, heimlich getrunken, sondern sogar die Wassergefäße zerbrochen. Aber zum Glück war die Flasche mit der Kraterluft unversehrt geblieben.

In der Nähe der Stadt Orotava trafen wir große Schwärme von Kanarienvögeln. Diese in Europa so wohlbekannten Vögel waren ziemlich gleichförmig grün, einige auf dem Rücken gelblich; ihr Schlag glich dem der zahmen Kanarienvögel, man bemerkt indessen, daß die, welche auf der Insel Gran Canaria und auf dem kleinen Eiland Monte Clara bei Lanzarote gefangen werden, einen stärkeren und zugleich harmonischeren Schlag haben. In allen Himmelsstrichen hat jeder Schwarm derselben Vogelart seine eigene Sprache. Die gelben Kanarienvögel sind eine Spielart, die in Europa entstanden ist, und die, welche wir zu Orotava und Santa Cruz de Teneriffa in Käfigen sahen, waren in Cadiz und anderen spanischen Häfen gekauft. Aber der Vogel der Kanarischen Inseln, der von allen den schönsten Gesang hat, ist in Europa unbekannt, der Capirote, der so sehr die Freiheit liebt, daß er sich niemals zähmen ließ. Ich bewunderte seinen weichen, melodischen Schlag in einem Garten bei Orotava, konnte ihn aber nicht nahe genug zu Gesicht bekommen, um zu bestimmen, welcher Gattung er angehört. Was die Papageien betrifft, die man beim Aufenthalt des Kapitän Cook auf Teneriffa gesehen haben will, so existieren sie nur in Reiseberichten, die einander abschreiben. Es gibt auf den Kanarien weder Papageien noch Affen, und obgleich erstere in der Neuen Welt bis Nordkarolina wandern, so glaube ich doch kaum, daß in der Alten über dem 28. Grad nördlicher Breite welche vorkommen.

Ehe wir den Archipel der Kanarien verlassen, werfen wir einen Blick auf die Geschichte des Landes. Vergeblich sehen wir uns im Periplus des Hanno und dem des Scylax nach den ersten schriftlichen Urkunden über die Ausbrüche des Pics von Teneriffa um. Diese Seefahrer hielten sich ängstlich an die Küsten, sie liefen jeden Abend in eine Bay und ankerten, und so konnten sie nichts von einem Vulkan wissen, der 252 km vom Festland von Afrika liegt. Es ist sehr wahrscheinlich, daß die Karthager und auch die Phönizier den Pic von Teneriffa gekannt haben. Zu Platos und Aristoteles Zeit waren dunkle Gerüchte davon zu den Griechen gedrungen, nach deren Vorstellung die ganze Küste von Afrika jenseits der Säulen des Herkules von vulkanischem Feuer verheert war. Die Inseln der Seligen, die man anfangs im Norden, jenseits der riphäischen Gebirge bei den Hyperboräern von Cyrenaica gesucht hatte, wurden nach Westen verlegt, dahin, wo die den Alten bekannte Welt ein Ende hatte. Was man glückselige Inseln nannte, war lange ein schwankender Begriff, wie der Name **Dorado** bei den ersten Eroberern Amerikas. Man versetzte das Glück an das Ende der Welt, wie man den lebhaftesten Geistesgenuß in einer idealen Welt jenseits der Grenzen der Wirklichkeit sucht.

Es ist nicht zu verwundern, daß vor Aristoteles die griechischen Geographen keine genaue Kenntnis von den kanarischen Inseln und ihren Vulkanen hatten. Das einzige Volk, das weit nach West und Nord die See befuhr, die Karthager, fanden ihren Vorteil dabei, wenn sie diese entlegenen Landstriche in den Schleier des Geheimnisses hüllten. Der karthagische Senat duldete keine Auswanderung Einzelner und ersah diese Inseln als Zufluchtsort in Zeiten der Unruhe und politischen Unfälle; so sollten für die Karthager sein, was der freie Boden von Amerika für die Europäer bei ihren bürgerlichen und religiösen Zwistigkeiten geworden ist.

Die Römer wurden erst achtzig Jahre vor Octavians Regierung näher mit den kanarischen Inseln bekannt. Ein bloßer Privatmann wollte den Gedanken verwirklichen, den der karthagische Senat mit weiser Vorsicht gefaßt. Nach seiner Niederlage durch Sylla sucht Sertorius, müde des Waffenlärms, eine sichere, ruhige Zufluchtsstätte. Er wählt die glückseligen Inseln, von denen man ihm an den Küsten von Bätika eine reizende Schilderung entwirft. Er sammelt sorgfältig, was ihm von Reisenden an Nachrichten zukommt; aber in den wenigen Stücken dieser Nachrichten, die auf uns gekommen sind, und in den umständlicheren Beschreibungen des Sebosus und des Juba ist niemals von Vulkanen und vulkanischen Ausbrüchen die Rede. Kaum erkennt man die Insel Teneriffa und den Schnee, der im Winter die Spitze des Pics bedeckt, am Namen **Nivaria**, der einer der glückseligen Inseln beigelegt wird. Man könnte demnach annehmen, daß der Vulkan damals

kein Feuer gespien habe, wenn sich aus dem Still-
schweigen von Schriftstellern etwas schließen ließe,
von denen wir nichts besitzen als Bruchstücke und
trockene Namenverzeichnisse. Umsonst sucht der
Physiker in der Geschichte Urkunden über die ältesten Ausbrüche des Pics; er findet nirgends welche
außer in der Sprache der Guanchen, in der das Wort
»Echeyde« zugleich die Hölle und den Vulkan von
Teneriffa bedeutete.

Die älteste schriftliche Nachricht von der
Tätigkeit des Vulkans, die ich habe auffinden
können, kommt aus dem Anfang des sechzehnten
Jahrhunderts. Sie findet sich in der Reisebeschreibung des Aloysio Cadamusto, der im Jahr 1505
auf den Kanarien landete. Dieser Reisende war
nicht selbst Zeuge eines Ausbruchs, er versichert
aber bestimmt, der Berg brenne fortwährend gleich
dem Aetna und das Feuer sei von Christen gesehen
worden, die als Sklaven der Guanchen auf Teneriffa
lebten. Der Pic befand sich also damals nicht im Zustand der Ruhe wie jetzt, denn es ist sicher, daß kein
Reisender und kein Einwohner von Teneriffa der
Mündung des Pics von weitem sichtbaren Rauch,
geschweige denn Flammen, hat entsteigen sehen.
Es wäre vielleicht zu wünschen, daß der Schlund
der **Caldera** sich weiter öffnete, die Seitenausbrüche
würden damit weniger heftig und die ganze Inselgruppe hatte weniger von Erdbeben zu leiden.

Ich habe zu Orotava die Frage besprechen
hören, ob anzunehmen sei, daß der Krater des Pics
im Lauf der Jahrhunderte wieder in Tätigkeit treten
werde. In einer so zweifelhaften Sache kann man sich

nur an die Analogie halten. Nun war nach Braccinis Bericht im Jahr 1611 der Krater des Vesuvs im Innern mit Gebüsch bewachsen. Alles verkündete die tiefste Ruhe, und dennoch warf derselbe Schlund, der sich in ein schattiges Tal verwandeln zu wollen schien, zwanzig Jahre später Feuersäulen und ungeheure Massen Asche aus. Der Vesuv wurde im Jahr 1631 wieder so tätig, als er im Jahr 1500 gewesen war. So könnte möglicherweise auch der Krater des Pics sich eines Tags wieder umwandeln. Er ist jetzt eine Solfatare, ähnlich der friedlichen Solfatare von Puzzuoli; aber sie ist auf der Spitze eines noch tätigen Vulkans gelegen.

Die Ausbrüche des Pics waren seit zweihundert Jahren sehr selten, und solche lange Pausen scheinen charakteristisch für sehr hohe Vulkane. Der kleinste von allen, der Stromboli, ist fast in beständiger Tätigkeit. Beim Vesuv sind die Ausbrüche schon seltener, indessen häufiger als beim Aetna und dem Pic von Teneriffa. Die kolossalen Gipfel der Anden, der Cotopaxi und der Tungurahua speien kaum einmal im Jahrhundert Feuer. Bei tätigen Vulkanen scheint die Häufigkeit der Ausbrüche im umgekehrten Verhältnis mit der Höhe und der Masse derselben zu stehen. So schien auch der Pic nach zweiundneunzig Jahren erloschen, als im Jahr 1798 der letzte Ausbruch durch eine Seitenöffnung im Berg Chahorra erfolgte. In diesem Zeitraum hat der Vesuv sechzehnmal Feuer gespien.

Ich habe anderswo ausgeführt, daß der ganze gebirgige Teil des Königreichs Quito anzusehen ist als ein ungeheurer Vulkan von 3100 qkm Oberfläche, der aus verschiedenen Kegeln mit eigenen Namen, Cotopaxi, Tungurahua, Pichincha, Feuer speit. Ebenso ruht die ganze Gruppe der kanarischen Inseln gleichsam auf einem untermeerischen Vulkan. Das Feuer brach sich bald durch diese, bald durch jene der Inseln Bahn. Nur Teneriffa trägt in seiner Mitte eine ungeheure Pyramide mit einem Krater auf der Spitze, die in jahrhundertlangen Perioden aus ihren Seiten Lavaströme ergießt. Auf den andern Inseln haben die verschiedenen Ausbrüche an verschiedenen Stellen stattgefunden, und man findet dort keinen vereinzelten Berg, an den die vulkanische Tätigkeit gebunden wäre. Die von uralten Vulkanen gebildete Basaltrinde scheint dort aller Orten unterhöhlt, und die Lavaströme, die auf Lanzarote und Palma ausgebrochen sind, kommen geologisch durchaus mit dem Ausbruch überein, der im Jahr 1301 auf der Insel Ischia durch die Tuffe des Epomeo erfolgte.

Es folgt hier die Liste der Ausbrüche, deren Andenken sich bei den Geschichtsschreibern der Insel seit der Mitte des sechzehnten Jahrhunderts erhalten hat.

Jahr 1558. – Am 15. April. Zur selben Zeit wurde Teneriffa zum erstenmal von der aus der Levante eingeschleppten Pest verheert. Ein Vulkan öffnet sich auf der Insel Palma, nahe einer Quelle im *Partido de los Llanos*. Ein Berg steigt aus dem Boden; auf der Spitze bildet sich ein Krater, der einen 195 m breiten und über 4800 m langen Lavastrom ergießt. Die Lava stürzt sich ins Meer, und durch die Erhitzung des Wassers gehen die Fische in weitem Umkreis zu Grunde.

Jahr 1646. – Am 13. November tut sich ein Schlund auf der Insel Palma bei Tigalate auf; zwei andere bilden sich am Meeresufer. Die Laven, die sich aus diesen Spalten ergießen, machen die berühmte Quelle Foncaliente oder Fuente Santa versiegen, deren Mineralwasser Kranke sogar aus Europa herbeizog. Nach einer Volkssage wurde dem Ausbruch durch ein seltsames Mittel Einhalt getan. Das Bild unserer lieben Frau zum Schnee wurde aus Santa Cruz an den Schlund des neuen Vulkans gebracht, und alsbald fiel eine so ungeheure Masse Schnee, daß das Feuer dadurch erlosch. In den Anden von Quito wollen die Indianer die Bemerkung gemacht haben, daß die Tätigkeit der Vulkane durch vieles einsickerndes Schneewasser gesteigert wird.

Jahr 1677. – Dritter Ausbruch auf der Insel Palma. Der Berg Las Cabras wirft aus einer Menge kleiner Öffnungen, die sich nacheinander bilden, Schlacken und Asche aus.

Jahr 1704. – Am 31. Dezember. Der Pic von Teneriffa macht einen Seitenausbruch in der Ebene Los Infantes, oberhalb Icore, im Bezirk Guimar. Furchtbare Erdbeben gingen dem Ausbruch voran. Am 5. Januar 1705 tut sich ein zweiter Schlund in der Schlucht Almerchiga, eine Meile von Icore auf. Die Lava ist so stark, daß sie das ganze Tal Fasnia oder Areza ausfüllt. Dieser zweite Schlund hört am 13. Januar zu speien auf. Ein dritter bildet sich am 2. Februar in der Cañada de Arafo. Die Lava in drei Strömen bedroht das Dorf Guimar, wird aber im Tal Melosar durch einen Felsgrat aufgehalten, der einen unübersteiglichen Damm bildet. Während dieser Ausbrüche spürt die Stadt Orotava, die nur ein schmaler Damm von den neuen Schlünden trennt, starke Erdstöße.

Jahr 1706. – Am 5. Mai. Ein weiterer Seitenausbruch des Pics von Teneriffa. Der Schlund bricht auf südlich vom Hafen von Garachico, damals dem schönsten und besuchtesten der Insel. Die volkreiche, wohlhabende Stadt hatte eine malerische Lage am Saum eines Lorbeerwaldes. Zwei Lavaströme zerstörten sie in wenigen Stunden; kein Haus blieb stehen. Der Hafen, der schon im Jahr 1645 gelitten hatte, weil ein Hochwasser viel Erdreich hineingeführt, wurde so ausgefüllt, daß die sich auftürmenden Laven in der Mitte seines Umfangs ein Vorgebirge bildeten. Überall, rings um Garachico, wurde das Erdreich völlig umgewandelt. Aus der Ebene stiegen Hügel auf, die Quellen blieben aus, und Felsmassen wurden durch die häufigen Erdstöße der Dammerde und des Pflanzenwuchses beraubt und blieben nackt stehen. Nur die Fischer ließen nicht vom heimatlichen Boden. Mutig, wie die Einwohner von Torre del Greco, erbauten sie wieder ein Dörfchen auf Schlackenhaufen und dem verglasten Gestein.

Jahr 1730. – Am 1. September. Eine der furchtbarsten Katastrophen zerstört den Landungsplatz der Insel Lanzarote. Ein neuer Vulkan bildet sich bei Temanfaya. Die Lavaströme und die Erdstöße, welche den Ausbruch begleiten, zerstören eine Menge Dörfer, worunter die alten Flecken der Guanchen Tingafa, Macintafe und Guatisca. Die Stöße dauern bis 1736 fort, und die Bewohner von

Lanzarote flüchten sich großen Teils auf die Insel Fuerteventura. Während dieses Ausbruchs, von dem schon im vorigen Kapitel die Rede war, sieht man eine dicke Rauchsäule aus der See aufsteigen. Pyramidalische Felsen erheben sich über der Meeresfläche, die Klippen werden immer größer und verschmelzen allmählich mit der Insel selbst.

Jahr 1798. – Am 9. Juni. Seitenausbruch des Pics von Teneriffa, am Abhang des Berges Chahorra oder Venge, an einem völlig unbebauten Ort, südlich von Icod beim Dorfe Guia, dem alten Isora. Dieser Berg, der sich an den Pic anlehnt, galt von jeher für einen erloschenen Vulkan. Er besteht zwar aus festen Gebirgsarten, verhält sich aber doch zum Pic wie der Monte Rosso, der im Jahr 1661 aufstieg, oder die *boche nueve*, die im Jahr 1794 aufbrachen, zum Aetna und zum Vesuv. Der Ausbruch des Chahorra währte drei Monate und sechs Tage. Die Lava und die Schlacken wurden aus vier Mündungen in einer Reihe ausgeworfen. Die sechs bis acht Meter hoch aufgetürmte Lava legte einen Meter in der Stunde zurück. Da dieser Ausbruch nur ein Jahr vor meiner Ankunft auf Teneriffa erfolgt war, so war der Eindruck desselben bei den Einwohnern noch sehr lebhaft. Ich sah bei Herrn Legros in Durasno eine von ihm an Ort und Stelle entworfene Zeichnung der Öffnungen des Chahorra. Don Bernardo Cologan hat diese Öffnungen, acht Tage nachdem sie aufgebrochen, besucht und die Haupterscheinungen bei dem Ausbruch in einem Aufsatz beschrieben, von dem er mir eine Abschrift mitteilte, um sie meiner Reisebeschreibung einzuverleiben. Seitdem sind drei-

zehn Jahre verflossen; Bory St. Vincent ist mir mit
der Veröffentlichung des Aufsatzes zuvorgekommen,
und so verweise ich den Leser auf sein interessantes
Werk: *Essai sur les îsles fortunées.* Ich beschränke mich
hier darauf, einiges über die Höhe mitzuteilen, zu
der sehr ansehnliche Felsstücke aus den Öffnungen
des Chahorra emporgeschleudert wurden. Cologan
zählte während des Falls der Steine 12-15 Sekunden,
das heißt er fing im Moment zu zählen an, wo sie
ihre höchste Höhe erreicht hatten. Aus dieser interessanten Beobachtung geht hervor, daß die Felsstücke aus der Öffnung über tausend Meter hoch
geschleudert wurden.

Alle in dieser chronologischen Übersicht ver-
zeichneten Ausbrüche gehören den drei Inseln Palma, Teneriffa und Lanzarote an. Wahrscheinlich sind
vor dem sechzehnten Jahrhundert die übrigen Inseln
auch von vulkanischem Feuer heimgesucht worden.
Nach mir mitgeteilten unbestimmten Notizen läge
mitten auf der Insel Hierro ein erloschener Vulkan
und ein anderer auf der Großen Canaria bei Argui-
neguin. Es wäre aber wichtig zu erfahren, ob sich
an der Kalkformation von Fuerteventura oder am
Granit und Glimmerschiefer von Gomera Spuren
des unterirdischen Feuers zeigen.

Die rein seitliche vulkanische Tätigkeit des
Pics von Teneriffa ist geologisch um so merkwürdiger, als sie dazu beiträgt, die Berge, die sich an den
Hauptvulkan anlehnen, isoliert erscheinen zu lassen.
Allerdings kommen beim Aetna und beim Vesuv die
großen Lavaströme auch nicht aus dem Krater selbst,
und die Masse geschmolzener Stoffe steht meist im

umgekehrten Verhältnis mit der Höhe, in der sich die Spalte bildet, welche die Lava auswirft. Aber beim Vesuv und Aetna endet ein Seitenausbruch immer damit, daß der Krater, das heißt die eigentliche Spitze des Bergs, Feuer und Asche auswirft. Beim Pic von Teneriffa ist solches seit Jahrhunderten nicht vorgekommen. Auch beim letzten Ausbruch im Jahr 1798 blieb der Krater vollkommen untätig. Sein Grund hat sich nicht gesenkt, während nach Leopold von Buchs scharfsinniger Bemerkung beim Vesuv die größere oder geringere Tiefe des Kraters fast ein untrügliches Zeichen ist, ob ein neuer Ausbruch bevorsteht oder nicht.

Werfen wir jetzt einen Blick darauf, wie die einst geschmolzenen Felsmassen des Pics, wie die Basalte und Mandelsteine sich allmählich mit einer Pflanzendecke überzogen haben, wie die Gewächse an den steilen Abhängen des Vulkans verteilt sind, welcher Charakter der Pflanzenwelt der kanarischen Inseln zukommt.

Im nördlichen Teile des gemäßigten Erdstrichs bedecken kryptogamische Gewächse zuerst die steinige Erdrinde. Auf die Flechten und Moose, deren Laub sich unter dem Schnee entwickelt, folgen grasartige und andere phanerogame Pflanzen. Anders an den Grenzen des heißen Erdstrichs und zwischen den Tropen selbst. Allerdings findet man dort, was auch manche Reisende sagen mögen, nicht allein auf den Bergen, sondern auch an feuchten, schattigen Orten Funarien, Dicranum- und Bryumarten; unter den zahlreichen Arten dieser Gattungen befinden sich mehrere, die zugleich in Lappland, auf dem Pic von Teneriffa und in den blauen Bergen auf Jamaica vorkommen; im Allgemeinen aber beginnt die Vegetation in den Ländern in der Nähe der Tropen nicht mit Flechten und Moosen. Auf den Kanarien, wie in Guinea und an den Felsenküsten von Peru, sind es die Sattpflanzen, die den Grund zur Dammerde legen, Gewächse, deren mit unzähligen Öffnungen und Hautgefäßen versehenen Blätter der umgebenden Luft das darin aufgelöste Wasser entziehen. Sie wachsen in den Ritzen des vulkanischen Gesteins und bilden gleichsam die erste vegetabilische Schicht, womit sich die Lavaströme überziehen.

Überall wo die Laven verschlackt sind oder eine glänzende Oberfläche haben, wie die Basaltkuppen im Norden von Lanzarote, entwickelt sich die Vegetation ungemein langsam darauf, und es vergehen mehrere Jahrhunderte, bis Buschwerk darauf wächst. Nur wenn die Lava mit Tuff und Asche bedeckt ist, verliert sich auf vulkanischen Eilanden die Kahlheit, die sie in der ersten Zeit nach ihrer Bildung auszeichnet, und schmücken sie sich mit einer üppigen glänzenden Pflanzendecke.

In seinem gegenwärtigen Zustand zeigt die Insel Teneriffa oder das **Chinerfe** der Guanchen fünf Pflanzenzonen, die man bezeichnen kann als die Regionen der Weinreben, der Lorbeeren, der Fichten, der Retama, der Gräser. Diese Zonen liegen am steilen Abhang des Pics wie Stockwerke über einander und haben 3400 m senkrechte Höhe, während 15 Grad weiter gegen Norden in den Pyrenäen der Schnee bereits zu 2500-2700 m absoluter Höhe herabreicht. Wenn auf Teneriffa die Pflanzen nicht bis zum Gipfel des Vulkans vordringen, so rührt dies nicht daher, weil ewiges Eis und die Kälte der umgebenden Luft ihnen unübersteigliche Grenzen setzen: vielmehr lassen die verschlackten Laven des Malpaís und der dürre, zerriebene Bimsstein des Piton die Gewächse nicht an den Kraterrand gelangen (Abb. 28).

Die **erste Zone**, die der Reben, erstreckt sich vom Meeresufer bis in 400-600 m Höhe; sie ist die am stärksten bewohnte und die einzige, wo der Boden sorgfältig bebaut ist. In dieser tiefen Lage, im Hafen von Orotava und überall, wo die Winde freien Zutritt haben, hält sich das hundertteilige Thermometer im Winter, im Januar und Februar, um Mittag auf 15-17°; im Sommer steigt die Hitze nicht über 25 oder 26°, ist also um 5-6° geringer als die größte Hitze, die jährlich in Paris, Berlin und St. Petersburg eintritt. Dies ergibt sich aus den Beobachtungen Savaggis in den Jahren 1795-1799. Die mittlere Temperatur der Küste von Teneriffa scheint wenigstens 21° zu sein, und ihr Klima steht in der Mitte zwischen dem von Neapel und dem des heißen Erdstrichs. Auf der Insel Madeira sind die mittleren Temperaturen des Januar und des August, nach Heberden, 17,7° und 23,8°, in Rom dagegen 5,6° und 26,1°. Aber so ähnlich sich die Klimate von Madeira und von Teneriffa sind, kommen doch die Gewächse der ersteren Insel im Allgemeinen in Europa leichter vor als die von Teneriffa. Der *Cheiranthus longifolius* von Orotava z. B. erfriert in Marseille, wie de Candolle beobachtet hat, während der *Cheiranthus mutabilis* von Madeira dort im Freien überwintert. Die Sommerhitze dauert auf Madeira nicht so lang als auf Teneriffa.

In der Region der Reben kommen vor acht Arten baumartiger Euphorbien, Mesembryanthemum-Arten, die vom Kap der guten Hoffnung bis zum Peloponnes verbreitet sind, die *Cacalia Kleinia*, der Drachenbaum, und andere Gewächse, die mit ihrem nackten, gewundenen Stamm, mit den saftigen Blättern und der blaugrünen Färbung den Typus der Vegetation Afrikas tragen. In dieser Zone werden der Dattelbaum, der Bananenbaum, das Zuckerrohr, der indische Feigenbaum, *Arum colocasia*, dessen Wurzel dem gemeinen Volk ein nahrhaftes Mehl liefert, der Ölbaum, die europäischen Obstarten, der Weinstock und die Getreidearten gebaut. Das Korn wird von Ende März bis Anfang Mai geschnitten, und man hat mit dem Anbau des Otaheite'schen Brodbaums, des Zimtbaums von den Molukken, des Kaffeebaums aus Arabien und des Cacaobaums aus Amerika gelungene Versuche gemacht. Auf mehreren Punkten der Küste hat das Land ganz den Charakter einer tropischen Landschaft. Chamärops und der Dattelbaum kommen auf der fruchtbaren Ebene von Murviedro, an der Küste von Genua und in der Provence bei Antibes unter 30-44 Grad der Breite ganz gut fort; einige Dattelbäume wachsen sogar innerhalb der Mauern von Rom und dauern in einer Temperatur von 2,5° unter dem Gefrierpunkt aus. Wenn aber dem südlichen Europa nur erst ein geringer Teil von den Schätzen zugeteilt ist, welche die Natur in der Region der Palmen ausstreut, so ist die Insel Teneriffa, die unter derselben Breite liegt wie

Ägypten, das südliche Persien und Florida, bereits mit denselben Pflanzen gestalten geschmückt, welche den Landschaften in der Nähe des Äquators ihre Großartigkeit verleihen.

Bei der Musterung der Sippen einheimischer Gewächse vermißt man ungern die Bäume mit zartgefiederten Blättern und die baumartigen Gräser. Keine Art der zahlreichen Familie der Sensitiven ist auf ihrer Wanderung zum Archipel der Kanarien gedrungen, während sie auf beiden Kontinenten bis zum 38. und 40. Breitengrad vorkommen. In Amerika ist die *Schranckia uncinata* Willdenows bis hinauf in die Wälder von Virginien verbreitet; in Afrika wächst die *Acacia gummifera* auf den Hügeln bei Mogador, in Asien, westwärts vom kaspischen Meer, hat v. Biberstein die Ebenen von Chyrvan mit *Acacia stephaniana* bedeckt gesehen. Wenn man die Pflanzen von Lanzarote und Fuerteventura, die der Küste von Marokko am nächsten liegen, genauer untersuchte, könnten sich doch unter so vielen Gewächsen der afrikanischen Flora leicht ein paar Mimosen finden.

Die **zweite Zone**, die der Lorbeeren, begreift den bewaldeten Strich von Teneriffa; es ist dies auch die Region der Quellen, die aus dem immer frischen, feuchten Rasen sprudeln. Herrliche Wälder krönen die an den Vulkan sich lehnenden Hügel. Hier wachsen vier Lorbeerarten, eine der *Quercus Turneri* aus den Bergen Tibets nahestehende Eiche, die *Visnea Mocanera*, die *Myrica Faya* der Azoren, ein einheimischer Olivenbaum (*Olea excelsa*), der größte Baum in dieser Zone, zwei Arten *Sideroxylon* mit ausnehmend schönem Laub, *Arbutus callycarpa* und andere immergrüne Bäume aus der Familie der Myrten. Winden und ein vom europäischen sehr verschiedener Epheu (*Hedera canariensis*) überziehen die Lorbeerstämme, und zu ihren Füßen wuchern zahllose Farne, von denen nur drei Arten schon in der Region der Reben vorkommen. Auf dem mit Moosen und zartem Gras überzogenen Boden prangen überall die Blüten der *Campanula aurea*, des *Chrysanthemum pinnatifidum*, der *Mentha canariensis* und mehrerer strauchartiger Hypericumarten. Pflanzungen von wilden und geimpften Kastanien bilden einen weiten Gürtel um das Gebiet der Quellen, welches das grünste und lieblichste von allen ist.

Die **dritte Zone** beginnt in 1750 m absoluter Höhe, da wo die letzten Gebüsche von Erdbeerbäumen, *Myrica Faya* und des schönen Heidekrauts stehen, das bei den Eingeborenen Texo heißt. Diese 780 m breite Zone besteht ganz aus einem mächtigen Fichtenwald, in dem auch Broussonets *Juniperus Cedro* vorkommt. Die Fichten haben sehr lange, ziemlich steife Blätter, deren zuweilen zwei, meist aber drei in einer Scheide stecken. Da wir ihre Früchte nicht untersuchen konnten, wissen wir nicht, ob diese Art, die im Wuchs der schottischen Fichte gleicht, sich wirklich von den achtzehn Fichtenarten unterscheidet, die wir bereits in aller Welt kennen. Nach Ansicht eines berühmten Botanikers, dessen Reisen die Pflanzengeographie Europas sehr gefördert haben, de Candolle, unterscheidet sich die Fichte von Teneriffa sowohl von der *Pinus atlantica* in den Bergen bei Mogador, als von der Fichte von

Aleppo, die dem Becken des Mittelmeers angehört und nicht über die Säulen des Herkules hinauszugehen scheint. Die letzten Fichten fanden wir am Pic etwa in 2300 m Höhe über dem Meer. In den Cordilleren von Neuspanien, im heißen Erdstrich, gehen die mexikanischen Fichten bis zu 4000 m Höhe. So sehr auch die verschiedenen Arten einer und derselben Pflanzengattung im Bau übereinkommen, so verlangt doch jede zu ihrem Fortkommen einen bestimmten Grad an Wärme und Verdünnung der umgebenden Luft. Wenn in den gemäßigten Landstrichen und überall, wo Schnee fällt, die konstante Bodenwärme etwas höher ist als die mittlere Lufttemperatur, so ist anzunehmen, daß in der Höhe des Portillo die Wurzeln der Fichten ihre Nahrung aus einem Boden ziehen, in dem in einer gewissen Tiefe das Thermometer höchstens auf 9 bis 10 Grad steigt.

Die **vierte und fünfte Zone**, die der Retama und der Gräser, liegen so hoch wie die unzugänglichen Gipfel der Pyrenäen. Es ist dies der öde Landstrich der Insel, wo Haufen von Bimsstein, Obsidian und zertrümmerter Lava wenig Pflanzenwuchs aufkommen lassen. Schon oben war von den blühenden Büschen des Alpenginsters (*Spartium nubigenum*) die Rede, welche Oasen in einem wehen Aschenmeer bilden. Zwei krautartige Gewächse, *Scrophularia glabrata* und *Viola cheiranthifolia*, gehen weiter hinauf bis ins Malpaís. Über einem von der afrikanischen Sonne ausgebrannten Rasen bedeckt die *Cladonia paschalis* dürre Strecken; die Hirten zünden sie häufig an, wobei sich dann das Feuer sehr weit verbreitet. Dem Gipfel des Pic zu arbeiten Urceolarien und andere Flechten an der Zersetzung des verschlackten Gesteins, und so erweiten sich auf von Vulkanen verheerten Eilanden Floras Reich durch die nie stockende Tätigkeit organischer Kräfte.

Überblicken wir die Vegetationszonen von Teneriffa, so sehen wir, daß die ganze Insel als ein Wald von Lorbeeren, Erdbeerbäumen und Fichten erscheint, der kaum an seinen Rändern von Menschen urbar gemacht ist, und in der Mitte ein nacktes steiniges Gebiet umschließt, das weder zum Ackerbau noch zur Weide taugt. Nach Broussonets Bemerkung läßt sich der Archipel der Kanarien in zwei Gruppen teilen. Die erste begreift Lanzarote und Fuerteventura, die zweite Teneriffa, Canaria, Gomera, Hierro und Palma. Beide weichen im Habitus ihrer Vegetation bedeutend voneinander ab. Die ostwärts gelegenen Inseln, Lanzarote und Fuerteventura, haben weite Ebenen und nur niedrige Berge; sie sind fast quellenlos, und diese Eilande haben noch mehr als die anderen den Charakter vom Kontinent getrennter Länder. Die Winde wehen hier in derselben Richtung und zu denselben Zeiten; *Euphorbia mauritanica*, *Atropa frutescens* und *Sonchus arborescens* wuchern im losen Sand und dienen wie in Afrika den Kamelen als Futter. Auf der westlichen Gruppe der Kanarien ist das Land höher, stärker bewaldet, besser von Quellen bewässert.

Auf dem ganzen Archipel finden sich zwar mehrere Gewächse, die auch in Portugal, in Spanien, auf den Azoren und im nordwestlichen Afrika vorkommen, aber viele Arten und selbst einige Gattungen sind Teneriffa, Porto-Santo und Madeira eigentümlich, unter anderem *Mocanera, Plocama, Bosea, Canarina, Drusa, Pittosporum.* Ein Typus, der sich als ein nördlicher ansprechen läßt, der der Kreuzblüten, ist auf den Kanarien schon weit seltener als in Spanien und Griechenland. Weiter nach Süden, im tropischen Landstrich beider Kontinente, wo die mittlere Lufttemperatur über 22° ist, verschwinden die Kreuzblüten fast gänzlich.

Eine Frage, die für die Geschichte der fortschreitenden Entwicklung des organischen Lebens auf dem Erdball von großer Bedeutung erscheint, ist in neuerer Zeit viel besprochen worden, nämlich, ob polymorphe Gewächse auf vulkanischen Inseln häufiger sind als anderswo. Die Vegetation von Teneriffa unterstützt keineswegs die Annahme, daß die Natur auf neugebildetem Boden die Pflanzenformen weniger streng festhält. Broussonet, der sich so lang auf den Kanarien aufgehalten hat, versichert, veränderliche Gewächse seien nicht häufiger als im südlichen Europa. Wenn auf der Insel Bourbon so viele polymorphe Arten vorkommen, sollte dies nicht vielmehr von der Beschaffenheit des Bodens und des Klimas herrühren, als davon, daß die Vegetation jung ist?

Wohl darf ich mir schmeicheln, mit dieser Naturskizze von Teneriffa einiges Licht über Gegenstände verbreitet zu haben, die bereits von so vielen Reisenden besprochen worden sind; indessen glaube ich, daß die Naturgeschichte dieses Archipels der Forschung noch ein weites Feld darbietet. Die Leiter der wissenschaftlichen Entdeckungsfahrten, wie sie England, Frankreich, Spanien, Dänemark und Rußland zu ihrem Ruhme unternommen haben, haben meist zu sehr geeilt, von den Kanaren wegzukommen. Sie dachten, da diese Inseln so nahe bei Europa liegen, müßten sie ganz genau beschrieben sein; sie haben vergessen, daß das Innere von Neuholland geologisch nicht unbekannter ist als die Gebirgsarten von Lanzarote und Gomera, Porto-Santo und Teneriffa. So viele Gelehrte bereisen Jahr für Jahr ohne bestimmten Zweck die besuchtesten Länder Europas. Es wäre wünschenswert, daß einer und der andere, den echte Liebe zur Wissenschaft beseelt und dem die Verhältnisse eine mehrjährige Reise gestatten, den Archipel der Azoren, Madeira, die Kanarien, die Inseln des grünen Vorgebirgs und die Nordwestküste von Afrika bereiste. Nur wenn man die atlantischen Inseln und das benachbarte Festland nach denselben Gesichtspunkten untersucht und die Beobachtungen zusammenstellt, gelangt man zur genauen Kenntnis der geologischen Verhältnisse und der Verbreitung der Tiere und Gewächse.

Bevor ich die alte Welt verlasse und in die neue übersetze, habe ich einen Gegenstand zu berühren, der allgemeineres Interesse bietet, weil er sich auf die Geschichte der Menschheit und die historischen Verhängnisse bezieht, durch welche ganze Volksstämme vom Erdboden verschwunden sind. Auf Cuba, St. Domingo, Jamaica fragt man sich, wo die Ureinwohner dieser Länder hingekommen sind; auf Teneriffa fragt man sich, was aus den Guanchen geworden ist, deren in Höhlen versteckte, vertrocknete Mumien ganz allein der Vernichtung entgangen sind. Im fünfzehnten Jahrhundert holten sich fast alle Handelsvölker, besonders aber die Spanier und Portugiesen, Sklaven von den Kanarien, wie man sie jetzt von der Küste von Guinea holt. Die christliche Religion, die in ihren Anfängen die menschliche Freiheit so mächtig förderte, mußte der europäischen Habsucht als Vorwand dienen. Jedes Individuum, das gefangen wurde, ehe es getauft war, verfiel der Sklaverei. Zu jener Zeit hatte man noch nicht zu beweisen versucht, daß der Neger ein Mittelding zwischen Mensch und Tier ist; der gebräunte Guanche und der afrikanische Neger wurden auf dem Markte zu Sevilla mit einander verkauft, und man stritt nicht über die Frage, ob nur Menschen mit schwarzer Haut und Wollhaar der Sklaverei verfallen sollen.

Auf dem Archipel der Kanarien bestanden mehrere kleine, einander feindlich gegenüber stehende Staaten. Oft war dieselbe Insel zwei unabhängigen Fürsten unterworfen, wie in der Südsee und überall, wo die Kultur noch auf tiefer Stufe steht. Die Handelsvölker befolgten damals hier dieselbe arglistige Politik, wie jetzt auf den Küsten von Afrika: sie leisteten den Bürgerkriegen Vorschub. So wurde ein Guanche Eigentum des anderen, und dieser verkaufte jenen den Europäern; manche zogen den Tod der Sklaverei vor und töteten sich und ihre Kinder. So hatte die Bevölkerung der Kanarien durch den Sklavenhandel, durch die Menschenräuberei der Piraten, besonders aber durch lange blutige Zwiste bereits starke Verluste erlitten, als Alonso de Lugo sie vollends eroberte. Den Überrest der Guanchen raffte im Jahre 1494 größtenteils die berühmte Pest, die sogenannte **Modorra** hin, die man den vielen Leichen zuschrieb, welche die Spanier nach der Schlacht bei Laguna hatten frei liegen lassen. Wenn ein halb wildes Volk, das man um sein Eigentum gebracht, im selben Land neben einer zivilisierten Nation leben muß, so sucht es sich in den Gebirgen und Wäldern zu isolieren. Inselbewohner haben keine andere Zuflucht, und so war denn das herrliche Volk der Guanchen zu Anfang des siebzehnten Jahrhunderts so gut wie ausgerottet: außer ein paar alten Männern in Candelaria und Guimar gab es keine mehr.

Es ist ein tröstlicher Gedanke, daß die Weißen es nicht immer verschmäht haben, sich mit den Eingeborenen zu vermischen; aber die heutigen Kanarier, die bei den Spaniern schechtweg **Isleños** heißen, haben triftige Gründe, eine solche Mischung in Abrede zu ziehen. In einer langen Geschlechtsfolge verwischen sich die charakteristischen Merkmale der Rassen, und da die Nachkommen der Andalusier, die sich auf Teneriffa niedergelassen, selbst von ziemlich dunkler Gesichtsfarbe sind, so kann die Hautfarbe der Weißen durch die Kreuzung der Rassen nicht merkbar verändert worden sein. Es ist Tatsache, daß gegenwärtig kein Eingeborener von reiner Rasse mehr lebt, und sonst ganz wahrheitsliebende Reisende sind im Irrtum, wenn sie glauben, bei der Besteigung des Pics schlanke, schnellfüßige Guanchen zu Führern gehabt zu haben. Allerdings wollen einige kanarische Familien vom letzten Hirtenkönig von Guimar abstammen, aber diese Ansprüche haben wenig Grund; sie werden von Zeit zu Zeit wieder laut, wenn einer aus dem Volk, der brauner ist als seine Landsleute, Lust bekommt, sich um eine Offiziersstelle im Dienste des Königs von Spanien umzutun.

Kurz nach der Entdeckung von Amerika, als Spanien den Gipfel seines Ruhmes erstiegen hatte, war es Brauch, die sanfte Gemütsart der Guanchen zu rühmen, wie man in unserer Zeit die Unschuld der Bewohner von Otaheiti gepriesen hat. Bei beiden Bildern ist das Kolorit glänzender als wahr. Wenn die Völker, erschöpft durch geistige Genüsse, in der Verfeinerung der Sitten nur Keime der Entartung vor sich sehen, so finden sie einen eigenen Reiz in der Vorstellung, daß in weit entlegenen Ländern, beim Dämmerlicht der Kultur, in der Bildung begriffene Menschenvereine eines reinen, ungestörten Glückes genießen. Diesem Gefühl verdankt Tacitus zum Teil den Beifall, der ihm geworden, als er den Römern, den Untertanen der Cäsaren, die Sitten der Germanen schilderte. Dasselbe Gefühl gibt den Beschreibungen der Reisenden, die seit dem Ende des verflossenen Jahrhunderts die Inseln des Stillen Ozeans besucht haben, den unbeschreiblichen Reiz.

Die Einwohner der zuletzt genannten Inseln, die man wohl zu stark gepriesen hat und die einst Menschenfresser waren, haben in mehr als einer Beziehung Ähnlichkeit mit den Guanchen von Teneriffa. Beide sehen wir unter dem Joche eines feudalen Regiments seufzen, und bei den Guanchen war diese Staatsform, welche so leicht Kriege herbeiführt und sie nicht enden läßt, durch die Religion geheiligt. Die Priester sprachen zum Volk: »Achaman, der große Geist, hat zuerst die Edeln, die Achimenceys, geschaffen und ihnen alle Ziegen in der Welt zugeteilt. Nach den Edeln hat Achaman das gemeine Volk geschaffen, die Achicaxnas; dieses jüngere Geschlecht nahm sich heraus, gleichfalls Ziegen zu verlangen; aber das höchste Wesen erwiderte, das Volk sei dazu da, den Edlen dienstbar zu sein, und habe kein Eigentum nötig.« Eine solche Überlieferung mußte den reichen Vasallen der Hirtenkönige ungemein behagen; auch stand dem Faycan oder Oberpriester das Recht zu, in den Adelstand zu erheben, und ein Gesetz verordnete, daß jeder Achimencey, der sich herbeiließe, eine Ziege mit eigenen Händen zu melken, seines Adels verlustig sein sollte. Ein solches Gesetz erinnert keineswegs an die Sitteneinfalt des homerischen Zeitalters. Es befremdet, wenn man schon bei den Anfängen der Kultur die nützliche Beschäftigung mit Ackerbau und Viehzucht mit Verachtung gebrandmarkt sieht.

Die Guanchen waren berühmt durch ihren hohen Wuchs; sie erschienen als die Patagonen der alten Welt und die Geschichtsschreiber übertrieben ihre Muskelkraft, wie man vor Bougainvilles und Cordobas Reisen dem Volksstamm am Südende von Amerika eine kolossale Körpergröße zuschrieb. Mumien von Guanchen habe ich nur in den europäischen Kabinetten gesehen; zur Zeit meiner Reise waren sie auf Teneriffa sehr selten; man müßte sie aber in Menge finden, wenn man die Grabhöhlen, die am östlichen Abhang des Pics zwischen Arico und Guimar in den Fels gehauen sind, bergmännisch aufbrechen ließe. Diese Mumien sind so stark vertrocknet, daß ganze Körper mit der Haut oft nicht mehr als sechs bis sieben Pfund wiegen, das heißt ein Dritteil weniger, als das Skelett eines gleich großen Individuums, von dem man eben das Muskelfleisch abgenommen hat. Die Schädelbildung ähnelt einigermaßen der der weißen Rasse der alten Ägypter, und die Schneidezähne sind auch bei den Guanchen stumpf, wie bei den Mumien vom Nil. Aber diese Zahnform ist rein künstlich und bei genauerer Untersuchung der Kopfbildung der alten Guanchen haben geübte Anatomen gefunden, daß sie im Jochbein und im Unterkiefer von den ägyptischen Mumien bedeutend abweicht. Öffnet man Mumien von Guanchen, so findet man Überbleibsel aromatischer Kräuter, unter denen immer das *Chenopodium ambrosioides* vorkommt; zuweilen sind die Leichen mit Schnüren geschmückt, an denen kleine Scheiben aus gebrannter Erde hängen, die als Zahlzeichen gedient zu haben scheinen und die mit den Quippos der Peruaner, Mexikaner und Chinesen Ähnlichkeit haben.

Da im allgemeinen die Bevölkerung von Inseln den umwandelnden Einflüssen, wie sie Folgen der Wanderungen sind, weniger ausgesetzt ist als die Bevölkerung der Festländer, so läßt sich annehmen, daß der Archipel der Kanarien zur Zeit der Karthager und Griechen vom selben Menschenstamm bewohnt war, den die normannischen und spanischen

Eroberer vorfanden. Das einzige Denkmal, das einiges Licht auf die Herkunft der Guanchen werfen kann, ist ihre Sprache; leider sind uns aber davon nur etwa hundert und fünfzig Worte aufbehalten, die zum Teil dasselbe in der Mundart der verschiedenen Inseln bedeuten. Außer diesen Worten, die man sorgfältig gesammelt hat, hat man in den Namen vieler Dörfer, Hügel und Täler wichtige Sprachreste vor sich. Die Guanchen, wie Basken, Hindus, Peruaner und alle sehr alten Völker, benannten die Örtlichkeiten nach der Beschaffenheit des Bodens, den sie bebauten, nach der Gestalt der Felsen, deren Höhlen ihnen als Wohnstätten dienten, nach den Baumarten, welche die Quellen beschatteten.

Man war lange der Meinung, die Sprache der Guanchen habe keine Ähnlichkeit mit den lebenden Sprachen; aber seit die Sprachforscher durch Hornemanns Reise und durch die scharfsinnigen Untersuchungen von Marsden und Ventura auf die Berber aufmerksam geworden sind, die, gleich den slawischen Völkern, in Nordafrika über eine ungeheure Strecke verbreitet sind, hat man gefunden, daß in der Sprache der Guanchen und in den Mundarten von Chilha und Gebali mehrere Worte gleiche Wurzeln haben. Wir führen folgende Beispiele an:

	Guanchisch	Berberisch
Himmel	Tigo	Tigot
Milch	Aho	Acho
Gerste	Temasen	Tomzeen
Korb	Carianas	Carian
Wasser	Aenum	Anan

Ich glaube nicht, daß diese Sprachähnlichkeit ein Beweis für gemeinsamen Ursprung ist; aber sie deutet darauf hin, daß die Guanchen in alter Zeit in Verkehr standen mit den Berbern, einem Gebirgsvolk, zu dem die Numidier, Getuler und Garamanten verschmolzen sind und das vom Ostende des Atlas durch das Harudjé und Fezzan bis zur Oase von Syuah und Audjelah sich ausbreitet. Die Eingeborenen der Kanarien nannten sich Guanchen, von **Guan**, Mensch, wie die Tongusen sich **Pye** und **Donky** nennen, welche Worte dasselbe bedeuten, wie Guan. Indessen sind die Völker, welche die Berbersprache sprechen, nicht alle desselben Stammes, und wenn Scylax in seinem Periplus die Einwohner von Cerne als ein Hirtenvolk von hohem Wuchs mit langen Haaren beschreibt, so erinnert dies an die körperlichen Eigenschaften der kanarischen Guanchen.

Je genauer man die Sprachen aus philosophischem Gesichtspunkte untersucht, desto mehr zeigt sich, daß keine ganz allein steht, diesen Anschein würde auch die Sprache der Guanchen noch weniger haben, wenn man von ihrem Mechanismus und ihrem grammatischen Bau etwas wüßte, Elemente, welche von größerer Bedeutung sind als Wortform und Gleichlaut. Es verhält sich mit gewissen Mundarten wie mit den organischen Bildungen, die sich in der Reihe der natürlichen Familien nirgends unterbringen lassen. Sie stehen nur scheinbar so vereinzelt da; der Schein schwindet, sobald man eine größere Masse von Bildungen überblickt, wo dann die vermittelnden Glieder hervortreten.

Gelehrte, die überall, wo es Mumien, Hieroglyphen und Pyramiden gibt, Ägypten sehen, sind vielleicht der Ansicht, das Geschlecht Typhons und die Guanchen stehen in Zusammenhang mittelst der Berber, echter Atlanten, zu denen die Tibbos und Tuareks der Wüste gehören. Es genügt hier aber an der Bemerkung, daß eine solche Annahme durch keinerlei Ähnlichkeit zwischen der Berbersprache und dem Coptischen, das mit Recht für ein Überbleibsel des alten Ägyptischen gilt, unterstützt wird.

Das Volk, das die Guanchen verdrängt hat, stammt von Spaniern und zu einem sehr kleinen Teil von Normannen ab. Obgleich diese beiden Volksstämme drei Jahrhunderte lang demselben Klima ausgesetzt gewesen sind, zeichnet sich dennoch der letztere durch weißere Haut aus. Die Nachkommen der Normannen wohnen im Tal Teganana zwischen Punta de Naga und Punta de Hidalgo. Die Namen Grandville und Dampierre kommen in diesem Bezirk noch ziemlich häufig vor. Die Kanarier sind ein redliches, mäßiges und religiöses Volk; zu Haus zeigen sie aber weniger Betriebsamkeit als in fremden Ländern. Ein unruhiger Unternehmungsgeist treibt diese Insulaner, wie die Biscayer und Katalanen, auf die Philippinen, auf die Marianen, und in Amerika überall hin, wo es spanische Kolonien gibt, von Chile und dem La Plata bis nach Neumexiko. Ihnen verdankt man großenteils die Fortschritte des Ackerbaus in den Kolonien. Der ganze Archipel hat kaum 160.000 Einwohner, und der **Isleños** sind vielleicht in der neuen Welt mehr als in ihrer alten Heimat.

Teneriffa	73	1790	70.000	958
Fuerteventura	63	„	9.000	142
Die große Canaria	60	„	50.000	833
Palma	27	„	22.600	837
Lanzarote	26	„	10.000	384
Gomera	14	„	7.400	528
Hierro	7	„	5.000	714

An Wein werden auf Teneriffa geerntet 20-24.000 Pipes, worunter 5000 Malvasier; jährliche Ausfuhr von Wein 8-9000 Pipes; Gesamt-Getreideernte des Archipels 54.000 Fanegas zu hundert Pfund. In gemeinen Jahren reicht diese Ernte aus zum Unterhalt der Einwohner, die großenteils von Mais, Kartoffeln und Bohnen (*Frisoles*) leben. Der Anbau des Zuckerrohrs und der Baumwolle ist von geringem Belang, und die vornehmsten Handelsartikel sind Wein, Branntwein, Orseille und Soda. Bruttoeinnahme der Regierung, die Tabakspacht eingerechnet, 240.000 Piaster.

Auf nationalökonomische Erörterungen über die Wichtigkeit der kanarischen Inseln für die Handelsvölker Europas lasse ich mich nicht ein. Ich beschäftigte mich während meines Aufenthaltes zu Caracas und in Havana lange mit statistischen Untersuchungen über die spanischen Kolonien, ich stand in genauer Verbindung mit Männern, die auf Teneriffa bedeutende Ämter bekleidet, und so hatte ich Gelegenheit, viele Angaben über den Handel von Santa Cruz und Orotava zu sammeln. Da aber mehrere Gelehrte nach mir die Kanarien besucht haben, standen ihnen dieselben Quellen zu Gebot, und ich entferne ohne Bedenken aus meinem Tagebuch, was in Werken, die vor dem meinigen erschienen sind, genau verzeichnet steht. Ich beschränke mich hier auf einige Bemerkungen, mit denen die Schilderung, die ich vom Archipel der Kanarien entworfen, geschlossen sein mag.

Es ergeht diesen Inseln, wie Ägypten, der Krim und so vielen Ländern, welche von Reisenden, welche in Kontrasten Wirkung suchen, über das Maß gepriesen oder heruntergesetzt worden sind. Die einen schildern von Orotava aus, wo sie ans Land gestiegen, Teneriffa als einen Garten der Hesperiden; sie können das milde Klima, den fruchtbaren Boden, den reichen Anbau nicht genug rühmen; andere, die sich in Santa Cruz aufhalten mußten, sahen in den glückseligen Inseln nichts als ein kahles, dürres, von einem elenden, geistesbeschränkten Volke bewohntes Land. Wir haben gefunden, daß die Natur auf diesem Archipelagus, wie in den meisten gebirgigen und vulkanischen Ländern, ihre Gaben sehr ungleich verteilt hat. Die kanarischen Inseln leiden im allgemeinen an Wassermangel; aber wo sich Quellen finden, wo künstlich bewässert wird oder häufig Regen fällt, da ist auch der Boden ausnehmend fruchtbar. Das niedere Volk ist fleißig, aber es entwickelt seine Tätigkeit ungleich mehr in fernen Kolonien als auf Teneriffa selbst, wo dieselbe auf Hindernisse stößt, die eine kluge Verwaltung allmählich aus dem Wege räumen könnte. Die Auswanderung wird abnehmen, wenn man sich entschließt, das unangebaute Grundeigentum des Staats unter der Einwohnerschaft zu verteilen, die Ländereien, welche zu den Majoraten der großen Familien gehören, zu verkaufen und allmählich die Feudalrechte abzuschaffen.

Die gegenwärtige Bevölkerung der Kanarien erscheint allerdings unbedeutend, wenn man sie mit der Bevölkerung mancher europäischer Länder vergleicht. Die Insel Madeira, deren fleißige Bewohner einen fast von Pflanzenerde entblößten Felsen bebauen, ist siebenmal kleiner als Teneriffa, und doch doppelt so stark bevölkert; aber die Schriftsteller, die sich darin gefallen, die Entvölkerung der spanischen Kolonien mit so grellen Farben zu schildern und den Grund davon in der kirchlichen Hierarchie suchen, übersehen, daß überall seit der Regierung Philipps V. die Zahl der Einwohner in mehr oder minder rascher Zunahme begriffen ist. Bereits ist auf den Kanarien die Bevölkerung relativ stärker als in beiden Kastilien, in Extremadura und in Schottland. Alle Inseln zusammengerückt stellen ein Gebirgsland dar, das um ein Siebenteil weniger Flächeninhalt hat als die Insel Korsika und doch gleich viel Einwohner zählt.

Obgleich die Inseln Fuerteventura und Lanzarote, die am schlechtesten bevölkert sind, Getreide ausführen, während Teneriffa gewöhnlich nicht zwei Dritteile seines Bedarfs erzeugt, so darf man doch daraus nicht den Schluß ziehen, daß auf letzterer Insel die Bevölkerung aus Mangel an Lebensmitteln nicht zunehmen könnte. Die kanarischen Inseln sind noch auf lange vor den Übeln der Übervölkerung bewahrt, deren Ursachen Malthus so sicher und scharfsinnig entwickelt hat. Das Elend des Volkes ist um vieles gelindert worden, seit der Kartoffelbau eingeführt ist und man angefangen hat, mehr Mais als Gerste und Weizen zu bauen.

Die Bewohner der Kanarien sind ihrem Charakter nach ein Gebirgsvolk und ein Inselvolk zugleich. Will man sie richtig beurteilen, muß man sie nicht nur in ihrer Heimat sehen, wo ihr Fleiß auf gewaltige Hemmnisse stößt; man muß sie beobachten in den Steppen der Provinz Caracas, auf dem Rücken der Anden, auf den glühenden Ebenen der Philippinen, überall wo sie, einsam in unbewohnten Ländern, Gelegenheit finden die Kraft und die Tätigkeit zu entwickeln, welche der wahre Reichtum des Kolonisten sind.

Die Kanarier gefallen sich darin, ihr Land als einen Teil des europäischen Spaniens zu betrachten, und sie haben auch wirklich die kastilianische Literatur bereichert. Die Namen Clavijo (Verfasser des **Pensador**), Viera, Iriarte und Betancourt sind in Wissenschaft und Literatur mit Ehren genannt; das kanarische Volk besitzt die lebhafte Einbildungskraft, die den Bewohnern von Andalusien und Granada eigen ist, und es ist zu hoffen, daß die glückseligen Inseln, wo der Mensch wie überall die Segnungen und die harte Hand der Natur empfindet, dereinst einen eingeborenen Dichter finden, der sie würdig besingt.

Anmerkungen:
Vom Pic de Teide zurückgekehrt, ergab sich die Möglichkeit, noch zwei Tage im Hafen von Orotava (Puerto de la Cruz) zu verbringen. Darüber schreibt Alexander von Humboldt:

Reisewerk:

Wir kamen, als der Tag sich neigte, im Hafen von Orotava an und erhielten daselbst die unerwartete Nachricht, daß der Pizarro erst in der Nacht vom 24. zum 25. unter Segel gehen werde. Hätten wir auf diesen Aufschub rechnen können, so wären wir entweder länger auf dem Pic geblieben oder hätten einen Ausflug nach dem Vulkan Chahorra gemacht. Da viele Reisende, welche bei Santa Cruz de Teneriffa anlegen, die Besteigung des Pics unterlassen, weil sie nicht wissen, wie viel Zeit man dazu braucht, so sind die folgenden Angaben wohl nicht unwillkommen. Wenn man bis zum Haltepunkt der Engländer sich der Maultiere bedient, braucht man von Orotava aus zur Besteigung des Pics und zur Rückkehr in den Hafen 21 Stunden; nämlich von Orotava zum Pino del Dornajito 3 Stunden, von da zur Felsenstation 6, von da nach der Caldera 3 ½. Für die Rückkehr rechne ich 9 Stunden. Es handelt sich dabei nur um die Zeit, die man unterwegs zubringt, keineswegs um die, die man auf die Untersuchung der Produkte des Pic oder zum Ausruhen verwendet. In einem halben Tag gelangt man von Santa Cruz de Teneriffa nach Orotava.

Den folgenden Tag durchstreiften wir die Umgegend von Orotava und genossen des Umgangs mit Cologans liebenswürdiger Familie. Da fühlten wir recht, daß der Aufenthalt auf Teneriffa nicht bloß für den Naturforscher von Interesse ist; man findet in Orotava Liebhaber von Literatur und Musik, welche den Reiz europäischer Gesellschaft in diese fernen Himmelsstriche verpflanzt haben. In dieser

Beziehung haben die Kanarischen Inseln mit den übrigen spanischen Kolonien, Havana ausgenommmen, wenig gemein.

Am Vorabend des Johannistages wohnten wir einem ländlichen Feste in Herrn Littles Garten bei. Dieser Handelsmann, der den Kanarien bei der letzten Getreideteurung bedeutende Dienste erwiesen, hat einen mit vulkanischen Trümmern bedeckten Hügel angepflanzt und an diesem köstlichen Punkt einen englischen Garten angelegt, wo man eine herrliche Aussicht auf die Pyramide des Pics, auf die Dörfer an der Küste und die Insel Palma hat, welche die weite Meeresfläche begrenzt. Ich kann diese Aussicht nur mit der in den Golfen von Neapel und Genua vergleichen, aber hinsichtlich der Großartigkeit der Massen und der Fülle des Pflanzenwuchses steht Orotava über beiden. Bei Einbruch der Nacht bot uns der Abhang des Vulkans auf einmal ein eigentümliches Schauspiel. Nach einem Brauch, den ohne Zweifel die Spanier eingeführt hatten, obgleich er an sich uralt ist, hatten die Hirten die Johannisfeuer angezündet. Die zerstreuten Lichtmassen, die vom Winde gejagten Rauchsäulen hoben sich an den Seiten des Pics vom Dunkelgrün der Wälder ab. Freudengeschrei drang aus der Ferne zu uns herüber, und schien der einzige Laut, der die Stille der Natur an jenen einsamen Orten unterbrach.

Anmerkungen:

Der englische Kaufmann Little nahm auf Teneriffa den Namen »Litre« an, entsprechend nannte er seinen Landsitz

»Sitio Litre«. Heute befindet sich hier ein gepflegter Garten mit Orchideensammlung, der für Besucher geöffnet ist.

Man geht man an der Avenida Colón die Palmenallee »De Aguilar y Quesada« hinauf und biegt am Ende schräg rechts in die Calle Valois ein, nach einigen Metern führt ein links abzweigender Fußweg hinauf: der Camino Sitio Litre. Schon bald ist auf der rechten Seite ein schöner, an der Giebelseite eines Hauses im ersten Stock herausgebauter Erker zu sehen. Das Haus ist rechteckig in den Garten hineingebaut, im ersten Stock hat es 13 gleichgroße zweiflüglige Fenster mit Markisen. Unter dem Erker die alte Eingangstür, darüber ein Hinweisschild »Jardín de Orquídeas«, daneben im Mauerwerk eingelassene Kacheln mit dem Namen »Sitio Litre«. Schön dann auch der Blick zurück, den Fußweg hinunter, in der Ferne grüßt der blaue Atlantik (Abb. 32). Folgt man dem Weg weiter hinauf in Richtung Carretera Botánico, gelangt man zum Eingang des »Orchideengartens«. Im Innern erinnert eine Büste Humboldts an den berühmten Forschungsreisenden, sie wurde 1999 anläßlich des 200. Jahrestages des Humboldt-Besuches aufgestellt (Abb. 33).

Eine gute Übersicht dieses Landsitzes verschafft ein Blick vom siebenten Stockwerk des Hotels El Tope. Die Terrassen beiderseits des Hauses werden sichtbar, nach Südwesten ist der Teide zu sehen, entgegengesetzt in Nord-Ost der Atlantik. Sitio Litre ist ein schöner, großer Landsitz, Garten und Haus erhöht gelegen, also mit weiter Aussicht, die natürlich beim Besuch Alexander von Humboldts noch nicht so verbaut war, wie das heute der Fall ist.

Reisewerk:
    Die Familie Cologan besitzt ein Landhaus näher an der Küste als das eben beschriebene. Der

Name, den ihm der Eigentümer gegeben, bezeichnet den Eindruck, den dieser Landsitz macht. Das Haus **La Paz** hatte zudem noch besonderes Interesse für uns. Borda, dessen Tod wir bedauerten, hatte hier bei seiner letzten Reise nach den Kanarien gewohnt. Auf einer kleinen Ebene in der Nähe hat er die Standlinie zur Messung der Höhe des Pics abgesteckt. Bei dieser trigonometrischen Messung diente der große Drachenbaum von Orotava als Signal. Wollte einmal ein unterrichteter Reisender eine neue genauere Messung des Vulkans mittels astronomischer Repetitionskreise vornehmen, so müßte er die Standlinie nicht bei Orotava, sondern bei **Los Silos**, an einem Orte, **Baute** genannt, messen; nach Broussonet ist keine Ebene in der Nähe des Pics so groß wie diese. Wir botanisierten bei La Paz und fanden in Menge das *Lichen roccella* auf basaltischem, von der See bespültem Gestein. Die Orseille der Kanarien ist ein sehr alter Handelsartikel; man bezieht aber das Moos weniger von Teneriffa als von den unbewohnten Inseln Salvage, Graciosa, Alegrano, sogar von Canaria und Hierro.

Anmerkungen:
Die östlich und oberhalb von Puerto de la Cruz gelegene Gegend, die heutige Urbanisation La Paz, war 1799 fast unbebaut (Abb. 22 und 23). Dieses Gebiet hatte der schon genannte Kaufmann Bernardo Walsh von de Franchi, dem Gründer von Puerto de la Cruz, erworben. Dieser Kaufmann Walsh stammte, wie Cólogan auch, aus Irland. Er flüchtete nach der verlorenen Schlacht bei Limerick 1688 nach Teneriffa und gründete und

betrieb in Puerto de la Cruz ein Handelshaus. In Puerto nannte er sich Valois, eine Straße in Puerto trägt seinen Namen. Nach Erwerb des genannten Geländes ließ er sich dort oben ein auch heute noch gut erhaltenes und gepflegtes Landhaus in einem schönen, zeitlosen Stil bauen (Abb. 19 und 20). Das Haus trägt die lateinische Inschrift: HIC EST REQUIES MEA Hier ist meine Ruhe (Hier ist mein Frieden). Frieden heißt auf spanisch *La Paz*. Es war in den gebildeten Kreisen der damaligen Zeit durchaus üblich, lateinische Bezeichnungen und Inschriften zu wählen. Don Bernardo Walsh-Valois starb 1724. Am 20. 8. 1742 fand die Hochzeit des Don Juan Cólogan und seiner Cousine Doña Margarita Teresa Valois y Geraldin, Tochter des Don Bernardo Walsh-Valois, statt. Durch die Verbindung der Familien Walsh-Valois und Cólogan ging das Gebiet, auf dem sich das Landhaus La Paz befindet, auf die Familie Cólogan über. Hinsichtlich des Landhauses La Paz, der jetzt mit La Paz bezeichneten großen Urbanisation und schließlich der am Westrand des Gebietes gelegenen Kapelle San Amaro (Abb. 21) sind geschichtliche Richtigstellungen angebracht, da in der Literatur irrtümliche Angaben und Erklärungen genannt werden.

Landhaus La Paz. Alexander von Humboldt und sein Begleiter wohnten nicht in diesem Landhaus. Humboldt erwähnt in seinem Bericht, daß sie den Johannistag im Sitio Litre verbrachten und dann am nächsten Tage das Landhaus der Familie Cólogan aufsuchten, nahe am Meer gelegen. Hier hatte der Forscher Borda bei seinem Aufenthalt gewohnt, aber er schreibt, daß in seiner Unterkunft bei der Familie Cólogan früher Cook und andere beherbergt wurden. Sie wohnten somit am Kirchplatz, im heutigen Hotel Marquesa.

Die Gebietsbezeichnung La Paz. Sie kann nicht, wie behauptet wird, von einem Friedensfest oder einem Te-Deum nach Beendigung der Eroberungskämpfe hergeleitet werden. Denn dieses Te-Deum fand, wie bei Pedro Hernández (9) dargelegt, unzweifelhaft in Realejo Alto (Abb. 11) statt. Dagegen ist anzunehmen, daß der Name des Landhauses La Paz auf das ganze Gebiet bezogen wurde.

Zur Kapelle San Amaro. Der Schutzheilige des Adelshauses Candia aus La Orotava war San Amaro. Etwa 1596 hat dieses Geschlecht eine kleine Kapelle zu Ehren ihres Schutzheiligen dort errichtet. Die Errichtung kann mit einem Gedenken an das Ende der Eroberungskämpfe, wie mehrfach irrtümlich zu lesen ist, nichts zu tun gehabt haben. Beim Bau der Kapelle waren mehr als hundert Jahre vergangen, außerdem fand das Te-Deum, wie der oben zitierte spanische Historiker dargelegt hat, an der westlichen, also der entgegengesetzten Seite des Orotavatales statt. Nach dem Erwerb des großen Geländes La Paz von de Franchi durch Don Bernardo Walsh (Valois) ließ er neben seinem Landhaus La Paz die heutige Kapelle am Platz der alten, sicherlich viel kleineren Kapelle errichten. Eine Marmortafel in der Kapelle hat, in deutscher Übersetzung, folgenden Wortlaut: »*Kapelle* Nuestra Señora de La Paz y San Amaro. *Erbaut zu Beginn des 18. Jahrhunderts von Don Bernardo Walsh. Erweiterung durch Don Tomás Cólogan, IV. Markgraf von Candia, gestorben 1888. Restauriert von Doña Cristina del Ponto, verwitwete Cólogan, im Jahre 1967.*«

Der Ire Walsh-Valois hatte nach den Kämpfen in seiner Heimat und der Flucht nach Teneriffa ohne Zweifel eine große Friedenssehnsucht. Sicherlich hatte er auch Glück mit seinen neuen Unternehmungen, denn er errichtete nicht nur seine Geschäftshäuser und Speicher, er kaufte das Gelände des heutigen La Paz, baute dort das Landhaus, das er La Paz nannte, die Kapelle und stiftete noch im Jahre seines Todes, 1724, für die Pfarrkirche in Puerto de la Cruz zwei Holzbalkone im kanarischen Stil für die Außenfassade, wie damals üblich. Aus dieser Friedenssehnsucht ist es auch zu erklären, daß er die Kapelle auf La Paz umbenannte, indem er an die erste Stelle des Doppelnamens »Nuestra Señora de La Paz« setzte und erst an die zweite Stelle den Namen der alten Kapelle »San Amaro«. Der Letztgenannte hat sich aber in der Öffentlichkeit erhalten, auch der zur Kapelle führende Weg trägt den Namen Camino San Amaro.

Reisewerk:

> Am 25. Juni (1799) abends verließen wir die Reede von Santa Cruz und schlugen den Weg nach Südamerika ein. Es wehte hart aus Nordost und das Meer schlug in Folge der Gegenströmung kurze gedrängte Wellen. Die kanarischen Inseln, auf deren hohen Bergen ein rötlicher Duft lag, verloren wir bald aus dem Gesicht. Nur der Pic zeigte sich von Zeit zu Zeit in Blinken, wahrscheinlich weil der in der hohen Luftregion herrschende Wind dann und wann die Wolken um den Piton verjagte. Zum erstenmal empfanden wir, welchen lebhaften Eindruck der Anblick von Ländern an der Grenze des heißen Erdgürtels, wo die Natur so reich, so großartig und so wundervoll auftritt, auf unser Gemüt macht. Wir hatten nur kurze Zeit auf Teneriffa verweilt, und doch schieden wir von der Insel, als hätten wir lange dort gelebt.

Kapitel III

Alexander von Humboldt wieder in Europa
Forscher – Gelehrter

Nun begann die große Reise in das spanische Südamerika, ins ersehnte Westindien. Alexander von Humboldt und sein Begleiter Bonpland durchstreifen und erwandern die Küstenregionen und das Landesinnere von Venezuela, Kolumbien, Ecuador, Peru, sie besuchen zweimal Cuba, bleiben lange in Mexico und reisen über die Vereinigten Staaten von Nordamerika nach Europa zurück: Es wird eine fünfjährige Forschungsreise, die Alexander von Humboldt selbständig und alleinverantwortlich, aber auch auf eigene Kosten, durchführt. Sie bringt ihm die Erfüllung seines Jugendtraums, die tropische Welt mit ihrem Pflanzenreichtum kennenzulernen.

Reich an Erlebnissen und Erfahrungen, mit vielen wissenschaftlichen Ergebnissen und vielen Kisten gesammelter Materialien kehren die Forscher nach über fünf Jahren nach Europa zurück. Sie sind am 3. 8. 1804 in Bordeaux, dann ist Alexander von Humboldt wieder in Paris, sein Begleiter Bonpland folgt kurze Zeit später.

Alexander von Humboldt war der wissenschaftlichen Welt durch seine Veröffentlichungen, die bereits 1790 mit der Schrift »Mineralogische Beobachtungen über einige Basalte am Rhein« begannen und bis zur Abreise 1799 mit weiteren Arbeiten fortgesetzt wurden, und durch seine Reise- und Forschungsberichte aus Südamerika gut bekannt geworden, so daß er mit Freuden in Paris begrüßt wurde. Er nimmt dort wieder Wohnung, wird in das Institut de France aufgenommen und findet die Möglichkeit der freundschaftlichen Zusammenarbeit mit anderen Wissenschaftlern in der Auswertung seiner Reiseergebnisse. Humboldt ist jetzt 35 Jahre alt und macht sich mit der gewohnten Energie an die Aufarbeitung seiner Notizen, Zeichnungen und der aus der »Neuen Welt« mitgebrachten Gegenstände.

Seine Schwägerin Caroline ist seit kurzem ebenfalls wieder in Paris, sie kam aus Rom, wo Wilhelm von Humboldt Preußischer Gesandter am Vatikan ist. Sie besucht in Paris Freunde und sieht hier ihrer Niederkunft entgegen. Sie schreibt an den früheren Erzieher der Brüder Humboldt und an ihren Mann nach Rom über ihren Schwager: *»Alexander fährt fort, den größten Effekt hier zu machen . . . Seine Sammlungen sind ungeheuer; alles zu bearbeiten, vergleichen, alle Ideen auszuspinnen, die ihm gekommen sind, braucht er wenigstens fünf bis sechs Jahre . . . Er ist nicht im geringsten gealtert . . . Er war in den ersten Tagen schrecklich beschäftigt. Er ist oft mit Kohlrausch (dem Preußischen Gesandten) zusammen, trifft sich mit ihm schon um sechs Uhr morgens, schafft und redet die ganze Zeit. Um neun kommt er zu mir zum Frühstück. Wenn er nicht anderweitig beschäftigt ist, nimmt er auch das Mittagessen bei mir ein. Er behandelt mich wirklich von der größten Herzlichkeit.«* Und Alexander von Humboldt schrieb darunter: *»Ich lebe mit der Li in engster Gemeinschaft. Obwohl ich viel in Gesellschaft bin, sehen wir uns doch täglich. Dich allein vermissen wir.«* (15)

Die Forscher arbeiten nun Jahre um Jahre in Paris an dem großen Reisewerk (*Voyage aux régions equinoxiales du Nouveau Continent fait en 1799-1804*), insgesamt entstehen über 30 Bände mit vielen Tafeln der Kupferstiche, Radierungen und anderen Darstellungen.

Alexander von Humboldt hat seine Verpflichtungen der Krone Spaniens gegenüber, Muster aller gefundenen Materialien zu senden, gewissenhaft erfüllt, auch das Institut de France erhält Gaben seines Sammeleifers. Nach Berlin sandte er Kisten und schrieb dazu an den Direktor des Mineralienkabinetts, den Bergrat Karsten: »*Was ich von Mineralien besessen, habe ich Ihnen bestimmt. Das Einpacken hat mir viel Zeit gekostet, aber ich hoff, Sie sollen mit dem Ganzen nicht unzufrieden sein.*« Er fährt dann fort: »*. . . daß ich manche Kiste ununterbrochen zwei Jahre hinter mir hergeschleppt habe, und daß ich fünf Jahre gerühmt, aber nie unterstützt worden bin.*« (15) Es klingt, als wenn er Unterstützung sucht. Für die Reise hat er ein Drittel seines Vermögens ausgegeben. Und das »Reisewerk« scheint mehr zu kosten, als er annahm. Sein Bruder bat ihn, die Verbindung zu Berlin nicht abreißen zu lassen. Alexander hatte sich gleich nach seiner Rückkehr nach Paris schriftlich beim König und Fürst Hardenberg gemeldet, beide antworteten, begrüßten und beglückwünschten ihn zum Erfolg seines Unternehmens. Eine Reise nach Berlin sollte bald folgen.

Endlich, am 12. 3. 1805, fand Alexander von Humboldt Zeit, über die Schweiz nach Rom zu reisen, um dort seinen Bruder begrüßen zu können. Er freute sich, ihm und dessen Familie nun ausführlich über seine Reise zu berichten. Die Reise wurde natürlich mit wissenschaftlicher Arbeit verbunden, auch der Vesuv wurde bestiegen. Im Hause seines Bruders traf er viele Künstler und Gelehrte und war wieder in seinem Element, in Gesellschaft glänzen zu dürfen. Schließlich vereinbarten die Brüder, daß Alexander über die Schweiz und Heidelberg nach Berlin reisen sollte.

Anfang November 1805 trifft Alexander von Humboldt in Berlin ein, vom König, seinen Freunden, seinem alten Gönner Fürst Hardenberg sowie der Öffentlichkeit lebhaft begrüßt. Schon während seiner Forschungsreise nach Südamerika wurde er am 4. 8. 1800 zum außerordentlichen Mitglied der Preußischen Akademie der Wissenschaften ernannt, drei Tage nach seiner Ankunft in Berlin wird er nun ordentliches Mitglied der Akademie. Zugleich erfolgt auch seine Ernennung zum Kammerherrn, womit eine jährliche Pensionszahlung von 2500 Talern verbunden war. Auf Fürsprache Hardenbergs wird Alexander von Humboldt jedoch von allen Verpflichtungen eines Kammerherrn befreit, so daß er weiter seinen wissenschaftlichen Wünschen und Neigungen nachgehen kann. Humboldt verbringt einen arbeitsamen Winter und dann noch ein weiteres Jahr in Berlin. Es ist für Preußen und Berlin eine harte Zeit, denn es herrscht Krieg, am 25. 10. 1806 ziehen die Franzosen in Berlin ein.

Alexander von Humboldt widmet sich ganz seinen Studien, er macht Tag und Nacht mit Freunden Beobachtungen und führt Messungen über den Erdmagnetismus durch. Er führt viel wissenschaftliche Korrespondenz und schreibt schließlich sein liebstes Buch, »Ansichten der Natur«. Es war ein Naturgemälde, mit dem er der interessierten Öffentlichkeit die Entdeckungen der Naturwissenschaften näher bringen wollte.

Alexander von Humboldt wird als Begleiter für den Prinzen Wilhelm auserwählt, um diesen bei Verhandlungen in Paris zu unterstützen. Prinz Wilhelm hatte den Auftrag, in Paris über eine Reduzierung der Preußen nach dem verlorenen Krieg auferlegten Zahlungen zu verhandeln. So ist Alexander von Humboldt im Januar 1808 wieder in Paris. Er bleibt auch dort, als der Prinz, leider ohne Erfolg, wieder nach Berlin zurückkehrt. Alexander von Humboldt kann nun nahezu 20 Jahre in Paris leben, im Kreise seiner wissenschaftlichen Freunde forschen und an seinem Reisewerk weiter arbeiten. Da er an die Formulierungen und an die Wiedergabe seiner Zeichnungen durch die Kupferstecher und Drucker höchste Anforderungen stellt, vergeht Jahr um Jahr, und die Ausgaben steigen unerwartet hoch. Er veröffentlicht daneben auch Einzelarbeiten, so ein großes Buch über Mexiko.

Humboldt muß 1814 zusammen mit seinem Bruder den König Friedrich Wilhelm III. nach London und dann 1822 nach Verona begleiten. Im Anschluß an den Kongreß in Verona besucht er mit dem König in Italien Neapel, und gemeinsam besteigen sie den Vesuv, besuchen Kunstausstellungen, besichtigen Bauten und Plätze; der König schätzt Humboldt als glänzenden Kunstführer. Erfreulicherweise gewährt ihm der König die Rückreise nach Paris, da Humboldt dem König klarmachen kann, daß er in Paris wegen der eingearbeiteten Mitarbeiter (Kupferstecher, Graveure, Drucker) sein Reisewerk besser und schneller vollenden könne.

Im Herbst 1826 jedoch schrieb der König Alexander von Humboldt, er meine, Humboldt müßte jetzt sein Werk wohl beendet haben, er möchte ihn gern hier in Berlin haben. So brach Alexander von Humboldt im Frühjahr 1827 nach Berlin auf, wo er am 12. Mai eintraf.

Er wurde nun »diensttuender Kammerherr« beim König. Seine Aufgaben bestanden darin, den König und die Minister in kulturellen Fragen zu beraten, Gutachten über wissenschaftliche Themen zu erstatten und schließlich regelmäßiger Gast der königlichen Tafel und der abendlichen Hofgesellschaft zu sein, um dort vorzulesen und Vorträge zu halten. Er bekam im Jahr vier Monate dienstfreie Zeit, die er auch in Paris verbringen konnte, um dort wieder seine Freunde zu treffen und um das Reisewerk abzuschließen.

Bevor er sich in Berlin niederließ, besuchte er im Jahre 1826 Goethe in Weimar. Hierüber in Eckermanns »Gespräche mit Goethe« (14): » *Was ist das für ein Mann! Ich kenne ihn so lange, und doch bin ich von neuem über ihn in Erstaunen. Man kann sagen, er hat an Kenntnissen und lebendigem Wissen nicht seinesgleichen. Und eine Vielseitigkeit, wie sie mir gleichfalls noch nicht vorgekommen ist! Wohin man rührt, er ist überall zuhause und überschüttet uns mit geistigen Schätzen. Er gleicht einem Brunnen mit vielen Röhren, wo man überall nur Gefäße unterzuhalten braucht, und wo es uns immer erquicklich und unerschöpflich entgegenströmt. Er wird einige Tage hier bleiben, und ich fühle schon, es wird mir sein, als hätte ich Jahre verlebt.«*

Ein früheres Zeugnis für die freundschaftliche Verbundenheit zwischen Goethe und Humboldt, wiedergegeben aus Helmut de Terra »Alexander von Humboldt und seine Zeit« (15): »*Auf Einladung des Herzogs von Wellington nahm Humboldt zu dieser Zeit gelegentlich an den Sitzungen des Alliierten Rates in Paris teil. Gewiß haben die Diplomaten seine geographischen und wirtschaftlichen Kenntnisse gebraucht. Im Frühjahr 1816 erschien nun das Werk über die geographische Verbreitung der Pflanzen. Humboldt schickte es an Goethe mit einer Widmung. Dieser schrieb darüber am 26. Juni 1816 an Wilhelm:* ›*Mit dem Gefühl des Verlustes, in das mich das Abscheiden meiner guten kleinen Frau versetzt, weiß ich nichts tröstlicher, als umherzuschauen, wieviel Gutes und Liebes mir noch übrigbleibe . . . So bin ich auch Ihrem Bruder eine liebliche Tröstung schuldig geworden, da sein so bedeutendes und aufregendes Heft* ›*Sur les lois etc.*‹ *gerade in den traurigsten Momenten zu mir kam und sein Recht ausübte. Lassen Sie ihm die dankbare beiliegende Karte zukommen!*‹

Sie enthielt das Gedicht Goethes:

An Alexander von Humboldt   *Weimar, 12. Juni 1816*
  An Trauertagen
  Gelangte zu mir Dein herrlich Heft!
  Es schien zu sagen:
  Ermanne Dich zu fröhlichem Geschäft!
  Die Welt in allen Zonen grünt und blüht
  Nach ewigen beweglichen Gesetzen;

Das wußtest Du ja sonst zu schätzen:
Erheitere so durch mich Dein schwer Gemüt!«

Für die Übersiedlung nach Berlin hatte er also günstige Bedingungen vom König und Fürsten Hardenberg bekommen. Aber auch der Umstand, daß er wieder in der Nähe seines Bruders und dessen Familie sein konnte, stimmte ihn versöhnlich. Die Verbundenheit mit seiner Familie ergibt sich aus einem Brief Alexanders an seine Schwägerin Caroline, den er einige Jahre vorher auf einer Reise nach Paris aus Straßburg an sie geschrieben hatte (15): »*Wie kann ich Dir, liebe Li, nur für die große Freundschaft danken, die Du mir während des letzten Besuches in Berlin bewiesen hast? Die Erinnerung an diese glückliche Zeit wird mich niemals verlassen. Wo ließe sich eine Familie finden, die so wundervoll durch Glück, Tätigkeit und Lebensfreude vereint ist?*« Und von Paris aus schrieb er: »*Die Zeit, die wir zusammen verlebten, scheint wie ein Jahr voller Eindrücke und Erinnerungen. Was für ein Segen, wenn alle Familienmitglieder so durch Liebe verbunden sind!*« Die Erinnerung an die Tage in Tegel war wehmütig: »*Wenn ich an Dich, geliebter Bruder, schreibe, rührt es mich zu Tränen, an Dich und Li zu denken, und die wundervollen Beweise Eurer Liebe. Ich sage, daß ich zu Tränen gerührt bin, weil es im Manne keine wirklich tiefen Gefühle gibt, die nicht schmerzlich sind . . . Der Ruhm Eures Hauses in Berlin ist in meiner Phantasie so stark, daß mir die Oase weniger schrecklich erscheint als sonst.*«

In Berlin findet er endgültigen Wohnsitz im Norden der Stadt, in der Oranienburger Str. 67, nahe den Instituten und dem Oranienburger Tor, von wo aus er gut nach Tegel gelangen kann. Er ist jetzt 57 Jahre alt. In Berlin beginnt seine Vortragstätigkeit mit einem Kolleg »Über die Hauptursachen der Temperaturverschiedenheit auf dem Erdkörper«. In dem Schreiben Carolines an ihre Tochter Adelheid berichtet sie von großem Beifall und einem gewissen Staunen über die namenlose Größe der berührten Gegenstände im Kolleg des Schwagers. Alexander von Humboldt setzt das Kolleg den ganzen Winter über fort. Da die Universität für den Andrang von Zuhörern zu klein ist, beginnt Alexander von Humboldt eine Reihe von 16 Vorträgen »für jedermann« in der mehr Menschen fassenden Singakademie über »Physische Weltbeschreibung« (Kosmos-Vorlesungen). Der Saal war stets überfüllt, die Zuhörer kamen aus allen Schichten der Bevölkerung, die königliche Familie, der Adel, Bürger, Handwerker und Studenten, Männer und Frauen. Der Beifall war allgemein. Aus De Terra (15): *»Die sechzehn Vorträge hatten ungeheuren Erfolg. Durch sie führte Humboldt die Naturwissenschaften in die allgemeine Erziehung ein, die bis dahin von Literatur und Kunst beherrscht wurde; sie erhellten die verbreitete Unwissenheit über die Stellung des Menschen in der Natur. So schrieb die Vossische Zeitung: ›Die Würde und Anmut des Vortrags, vereinigt mit dem Anziehenden des Gegenstandes und der ausgebreiteten tiefen Gelehrsamkeit des Lehrers, die immer aus dem vollen zu schöpfen vermag, dieser so seltene Zusammenfluß aller für die mündliche Belehrung ersprießlichen Eigenschaften fesselt den Zuhörer mit unwiderstehlicher, in keinem Augenblick nachlassender Kraft.‹*

Und der alternde Goethe wird sich in Weimar über den Bericht seines Freundes Zelter gefreut haben: ›Nun will ich denn auch des großen Vergnügens gedenken, das mir von Humboldts prächtigreichem Naturwunderkollegium gewährt vor einem respektablen Auditorio, das an die Tausend geht. Ein Mann steht vor mir von einer Art, der hat, was er gibt, – ohne zu wissen, zu kargen wem, – keine Kapitel macht, keine Vorrederei, keinen Dunst, keine Kunst. Selbst wo er irren sollte, müßte man's gern glauben‹.«

Noch vor Ende der Vortragsreihe in der Singakademie bildete sich ein Komitee, das die Anfertigung einer Erinnerungsmedaille beschloß. Auf Vorschlag von Prof. Levetzow wurden

die Künstler Rauch und Tieck mit dem Entwurf beauftragt, der
Medailleur Brande mit der Anfertigung. Die Medaille in Gold
wurde Alexander von Humboldt am 18. Mai 1828 überreicht
(Abb. 38).

Im Frühjahr 1828 wirkte Alexander von Humboldt mit
bei der Gründung der Gesellschaft für Erdkunde zu Berlin, der
zweiten Gesellschaft dieser Art in der Welt nach der französischen.
Am 7. Juni 1828 eröffnete der Geograph Carl Ritter die erste
Sitzung.

Nachdem König und Regierung beschlossen hatten, die
7. Versammlung der deutschen Naturforscher und Ärzte 1828
nach Berlin einzuberufen, wurde Alexander von Humboldt
mit den Vorbereitungen beauftragt. Es gelang Humboldt, 600
Wissenschaftler aus Deutschland in Berlin zu versammeln. Er
wurde unterstützt vom Zoologen Lichtenberg, damals Rektor der
Universität Berlin. Für beide eine große organisatorische Leistung
bei den Verhältnissen vor fast 200 Jahren. Alexander von Humboldt wurde zum Präsidenten der Versammlung gewählt. Hanno
Beck (3): »*Die Gelehrten wurden in Berlin begeistert begrüßt.*
Das Bürgertum war stolz auf seine Elite und erkannte ihren Wert.
Es löste allein schon Freude aus, daß hier Deutsche aller Stämme
zusammenkamen. Die Versammlung wurde über den wissenschaft-
lichen Zweck hinaus zu einem politischen Ereignis. Humboldt hat
dies schon während der Vorbereitungen klar ausgesprochen, als er
die Versammlung ›eine edle Offenbarung der wissenschaftlichen
Einheit Deutschlands‹ nannte. Die ›im Glauben und in der Politik‹
gespaltene Nation schien sich ihm ›in der Kraft ihrer geistigen
Fähigkeiten‹ zu erfüllen.«

Bereits 1828 bekam Alexander von Humboldt Einladungen
zu einer Studienreise nach Sibirien, um der russischen Regierung
Gutachten über den Bergbau zu erteilen. Humboldt sagte zu,
konnte wegen seiner Berliner Verpflichtungen aber erst am

12. 4. 1829 reisen, am 28. 12. des gleichen Jahres kam er zurück. Die Reise war sehr anstrengend für den sechzigjährigen Forscher, der natürlich wieder seine Beobachtungen und Messungen machte und wissenschaftliche Gespräche führte, aber auch in der Frage des Bergbaus im Ural und Sibirien gute Erfolge erzielen konnte.

1834 begann er seine schriftlichen Aufzeichnungen für das große Alterswerk, den »Kosmos«. Der erste von fünf Bänden kam 1845 heraus, der letzte nach seinem Tode. Schon die ersten »Kosmos«-Veröffentlichungen fanden begeisterte Aufnahme.

Alexander von Humboldt betrauert den Tod von zwei geliebten Menschen. Im März 1829 stirbt in Tegel seine Schwägerin Caroline und im April 1835, ebenfalls in Tegel, sein Bruder Wilhelm. Der Verlust dieser beiden ihm am nächsten stehenden Menschen hat ihn tief getroffen. 1840 stirbt der König, und sein Sohn Friedrich Wilhelm IV. besteigt den Thron. Douglas Botting (7): »*Er war ein kluger, liebenswerter Mann, aber ein verheerend unentschiedener Herrscher. Humboldt hatte zunächst gehofft, daß die Thronbesteigung des neuen Königs das Ende des monarchischen Despotismus bedeuten und zur Verfassung einer konstitutionellen Monarchie führen würde. Doch trotz der engen Beziehungen zu seinem liberalen Kammerherrn war der König selber kein Liberaler. Während er noch unschlüssig wägte, behaupteten sich die reaktionären Kräfte in Preußen. Humboldt war zum Wirklichen Geheimen Rat ernannt worden und kämpfte verbissen dafür, die Flammen des Liberalismus am Hofe zu entfachen. Gelegentlich konnte er auch Erfolg verzeichnen, vor allem für die Emanzipation der Juden und (viel später) für die Aufhebung der Gutsuntertänigkeit in Preußen. Doch im allgemeinen war seine Stellung schwierig und unerfreulich, denn die Ultras und die Pietisten am Hofe bildeten eine geschlossene Front gegen ihn und würden ihn aus dem Land verbannt haben, wenn er nicht so eng mit dem König befreundet gewesen wäre.*« Am 8. 12. 1840 wird Alexander von Humboldt

Mitglied des Preußischen Staatsrats. Am 31. 5. 1842 stiftet Friedrich Wilhelm IV. die Friedensklasse des Ordens *Pour le mérite*, Alexander von Humboldt wird der erste Kanzler. Von den Städten Berlin und Potsdam wird Humboldt zum Ehrenbürger ernannt. Er besitzt die höchsten Auszeichnungen Preußens für Zivilpersonen, den französischen »Grand Cordon« der Ehrenlegion und von der Royal Society in London die höchste Ehrung in Form der Verleihung der »Copley Medal«.

Die März-Tage 1848. Alexander von Humboldt war mit den beiden Königen, denen er diente, persönlich befreundet gewesen. Es ist nur zu verständlich, daß er aufgrund seiner Einstellung in den Tagen der Revolution zu den Problemen der Gesellschaftsordnung zu keiner schnellen Stellungnahme fähig war. Alexander von Humboldt war der Gedanke an eine Revolution einfach zuwider. Er liebte Entscheidungen und Veränderungen, wenn sie aufgrund von Beratungen und verstandesmäßigen Beurteilungen getroffen wurden oder sich aus solchen ergaben. Seine Ansichten und Hoffnungen aus den Märztagen 1848 sind einem Brief an seinen Pariser Freund Arago vom Mai 1848 zu entnehmen. Douglas Botting (7): »*Meine innigsten Hoffnungen auf eine demokratische Verfassung, Hoffnungen, die auf das Jahr 1789 zurückgehen, sind erfüllt worden . . . Ich erfreue mich zunehmend der Sympathien der unteren Gesellschaftsklassen. Ich habe an der Urwahl in der Vereinigung der Handwerker teilgenommen. Obwohl ich vor einiger Zeit als Kandidat für Frankfurt vorgeschlagen wurde, habe ich abgelehnt, etwas anzunehmen. Ich werde nächstes Jahr 80 und kann in diesem versteinerten Alter keine neue Karriere beginnen.*‹« Bei Botting heißt es dann weiter: »*Am Ende des Jahres war die Revolution jedoch gescheitert. Der König hatte die neue Verfassung widerrufen, die neue Nationalversammlung existierte nicht mehr. Die Großgrundbesitzer, der höhere Klerus und die Mitglieder des rechten Kabinett-Flügels zwangen dem Volk eine konservative*

Regierungsform auf, durch die es schlechter daran war als vorher.
Aus Potsdam, wo die Ultras nun die oberste Regierungsspitze
einnahmen und ein verstörter, gebrochener König langsam in seine
geistige Umnachtung glitt, schrieb der entmutigte Humboldt sein
endgültiges Testament, bevor er der Welt und der Ebbe und Flut
der Geschichte den Rücken wandte: ›Das Jahr 1849 ist das Jahr
der Reaktion. Ich habe das Jahr 1789 begrüßt und bin bei so vielen
dramatischen, politischen Ereignissen (Monarchie, Republik mit
König) dabei gewesen. Nun, im Alter von 80 Jahren, muß ich betrübt
feststellen, daß mir nur mehr die banale Hoffnung bleibt, daß sich
das edle und brennende Verlangen nach freien Institutionen im Volk
erhalten möge; und daß dieser Wunsch, wenn er auch von Zeit zu
Zeit einzuschlafen scheint, so ewig sei, wie der elektromagnetische
Sturm, der in der Sonne glitzert.‹«

Alexander von Humboldt bezeichnete sich zu dieser Zeit
gern als »Urgreis«, so wie er im vorbezeichneten Brief an Arago
von »versteinertem Alter« schreibt. Seine Kräfte ließen nach, er
ordnete Haushaltsdinge, aber auch finanzielle Angelegenheiten.
Er hatte nicht nur bei seinem Kammerdiener Seifert Schulden für
rückständigen Lohn, sondern auch bei seiner Bank. Humboldt
besaß wenig Gefühl für seine Geldangelegenheiten, und er gab
gern Förderungsbeträge aus, wenn von anderer Seite keine Hilfe
zu erzielen war. Von seiner Jugend an hatte er Verbindungen zu
hohen Stellen im Staat (Fürst Hardenberg) und zu seinen Königen. So wurden ihm in zunehmender Zahl Wünsche angetragen,
Empfehlungen zu geben oder irgend etwas für die Bittsteller durch
Fürsprache zu erreichen.

Dazu nur ein Beispiel, welches nicht seiner großen finanziel-
len oder wissenschaftlichen Bedeutung wegen erwähnt sei, sondern
weil sich Alexander von Humboldt hier der Freundin aus seinen
Jugendjahren, Henriette Herz, erinnert und sich für sie verwendet.
Ingeborg Drewitz in ihrem Beitrag »Die Brüder Humboldt und

die Berliner Salons« (19): »*Die Freunde der Jugend starben weg.*
Nur Alexander von Humboldt, selber uralt, verschaffte der uralten
Freundin von einst eine Rente des Königs Friedrich Wilhelm IV.,
die ihr die letzten Jahre bis zu ihrem Tod erleichterte.«

Wenn es sich um wirklich begabte Männer handelte,
zögerte Humboldt nicht, sich mit Energie einzusetzen. Bei Karl
F. Kohlenberg (6) sind einige Namen genannt: »*Sein Ansehen,*
sein Ruf hatten es mit sich gebracht, daß sich nur Menschen seines
Geistes, junge begabte, von Wissensdrang und humanen Ideen erfüllte
Leute zumeist, um ihn scharten, Andersdenkende oder -empfindende
ihm jedoch fernblieben. Nicht wenigen unter ihnen verhalf er,
wie vordem schon Carl Ritter, dem Schöpfer der vergleichenden
Erdkunde, zu einem ihren Talenten entsprechenden Wirkungskreis
– dem später als Ägyptologe berühmt gewordenen Heinrich Brugsch-
Pascha zum Beispiel oder dem Chemiker Justus von Liebig, der auf
Humboldts Fürsprache hin mit einundzwanzig Jahren Professor
in Gießen wurde, oder dem Zoologen Moritz Wegner, der von
König Maximilian II. von Bayern, einem Freunde Humboldts,
nach Mittelamerika geschickt wurde, damit er dort die günstigste
Möglichkeit eines Kanaldurchstiches erkundete.«

Als Beispiel folgende Widmung von Liebigs aus dem Buch
»Die organische Chemie in ihrer Anwendung auf Agrikultur und
Physiologie«:

»Widmung an Alexander von Humboldt
Gießen, den 1. August 1840
Während meines Aufenthaltes in Paris gelang es mir, im
Winter 1823/24 eine analytische Untersuchung über Howards
fulminierende Silber- und Quecksilberverbindungen, meine erste
Arbeit, zum Vortrag in der Königlichen Akademie zu bringen.
Zu Ende der Sitzung vom 22. März 1824, mit dem Zusammen-
packen meiner Präparate beschäftigt, näherte sich mir, aus der Reihe

173

der Mitglieder der Akademie, ein Mann und knüpfte mit mir eine Unterhaltung an; mit der gewinnendsten Freundlichkeit wußte er den Gegenstand meiner Studien und alle meine Beschäftigungen und Pläne von mir zu erfahren; wir trennten uns, ohne daß ich, aus Unerfahrenheit und Scheu, zu fragen wagte, wessen Güte an mir teilgenommen habe.

Diese Unterhaltung ist der Grundstein meiner Zukunft gewesen, ich hatte den für meine wissenschaftlichen Zwecke mächtigsten und liebevollsten Gönner und Freund gewonnen.

Sie waren tags zuvor von einer Reise aus Italien zurückgekommen; niemand war von Ihrer Anwesenheit unterricht. Unbekannt, ohne Empfehlungen, in einer Stadt, wo der Zusammenfluß so vieler Menschen aus allen Teilen der Erde das größte Hindernis ist, was einer näheren persönlichen Berührung mit den dortigen ausgezeichneten und berühmten Naturforschern und Gelehrten sich entgegen stellt, wäre ich, wie so viele andere, in dem großen Haufen unbemerkt geblieben und vielleicht untergegangen; diese Gefahr war völlig abgewendet.

Von diesem Tage an waren mir alle Türen, alle Institute und Laboratorien geöffnet; das lebhafte Interesse, welches Sie mir zuteil werden ließen, gewann mir die Liebe und innige Freundschaft meiner mir ewig teueren Lehrer Gay-Lussac, Dulong und Thénard. Ihr Vertrauen bahnte mir den Weg zu einem Wirkungskreise, den seit sechzehn Jahren ich unablässig bemüht war, würdig auszufüllen.

Wie viele kenne ich, welche gleich mir die Erreichung ihrer wissenschaftlichen Zwecke Ihrem Schutze und Wohlwollen verdanken! Der Chemiker, Botaniker, Physiker, der Orientalist, der Reisende nach Persien und Indien, der Künstler, alle erfreuten sich gleicher Rechte, gleichen Schutzes; vor Ihnen war kein Unterschied der Nationen, der Länder. Was die Wissenschaften in dieser besondern Beziehung Ihnen schuldig sind, ist nicht zur Kunde der Welt gekommen, allein es ist in unserer aller Herzen zu lesen.

Möchten Sie es mir gestatten, die Gefühle der innigsten
Verehrung und der reinsten, aufrichtigsten Dankbarkeit öffentlich
auszusprechen.

Das kleine Werk, welches ich mir die Freiheit nehme, Ihnen
zu widmen, ich weiß kaum, ob ein Teil davon mir als Eigentum
angehört; wenn ich die Einleitung lese, die Sie vor zweiundvierzig
Jahren zu J. Ingenhouß' Schrift »Über die Ernährung der Pflanzen«
gegeben haben, so scheint es mir immer, als ob ich eigentlich nur die
Ansichten weiter ausgeführt und zu beweisen gesucht hätte, welche
der warme, immer treue Freund von allem, was wahr, schön und
erhaben ist, welche der alles belebende, tätigste Naturforscher dieses
Jahrhunderts darin ausgesprochen und begründet hat.«

Da Humboldts Mittel aber beschränkt waren, geriet er in
Schulden. Es ist eine Bitte an Friedrich Wilhelm III. um Zahlung
einer Schuld bekannt. Dieser antwortete sofort und bewilligte
die Zahlung an das Bankhaus Mendelssohn, wobei er seiner
Zusage hinzufügte, er beeile sich mit der Zahlung, da es ihm
unangenehm wäre, sollte ein anderer ihm bei der Bezahlung der
Schuld zuvorkommen. Ein schönes Zeugnis freundschaftlicher
Zuneigung.

Die letzten zwei Jahre seines Lebens war Humboldt von
den Hofdiensten befreit, da sich König Friedrich Wilhelm IV.
tränenreich von ihm verabschiedete, weil er infolge seiner unheil-
baren Krankheit die Regierungsgeschäfte an seinen Bruder, den
Prinzen Wilhelm abgab, der nun als Regent fungierte. Alexander
von Humboldt war mit dem Prinzen Wilhelm von dessen früher
Jugend an befreundet, er hatte ihn, als dieser 24 Jahre alt war,
auf einer diplomatischen Mission nach Paris begleitet. Der
Prinzregent war freisinnig, und das gab Humboldt eine gewisse
Helligkeit in seine letzten, trüber werdenden Tage. Humboldt
hatte 1857 einen leichten Schlaganfall und wurde im Jahr darauf
ernsthaft krank. Eine nicht ernst genommene Grippe kam

hinzu. Die Kräfte wurden schwächer. Am 2. März 1859 schrieb er zuletzt am Schlußbuch seines »Kosmos«. Ein Fieber trat auf, Alexander von Humboldt wurde bettlägerig, war aber stets bei vollem Bewußtsein und klarem Verstand. Seine Stimme wurde schwächer, Ende April kamen Freunde, um Abschied zu nehmen. Seine Nichte, Gabriele von Bülow, Gattin des Preußischen Gesandten in London, die Humboldt oft in London besucht hatte, war die letzten Tage bei ihm. Der Prinzregent Wilhelm kam, um Abschied vom großen Gelehrten zu nehmen. Humboldt schlief friedlich ein, nur Gabriele von Bülow und ihr Schwager, General von Hedemann, der Mann seiner Nichte Adelheid, waren an seinem Sterbebett.

Alexander von Humboldt hatte noch die Genugtuung zu erfahren, daß ein Versprechen, welches ihm der kranke König Friedrich Wilhelm IV. zuvor gegeben hatte, eine Restschuld von 1300 Taler beim Bankhaus Mendelssohn zu zahlen, die von diesem aber nicht mehr veranlaßt werden konnte, vom Prinzregenten erfüllt wurde. In seinem Testament hatte Humboldt auch seine häuslichen Dinge und die seines langjährigen Dieners Seifert geregelt und ihm auch die Zusage des Königs mitgeteilt, ihn als Hofkastellan nach Humboldts Tod anzustellen.

Am 6. Mai 1859 verstarb Alexander von Humboldt, fast neunzigjährig. Der Prinzregent Wilhelm hatte ein Staatsbegräbnis angeordnet. Humboldts Leichnam wurde in der Bibliothek aufgebahrt, Regierungsmitglieder, Wissenschaftler und die Bevölkerung Berlins kamen in großer Zahl, um von dem Toten Abschied zu nehmen. Am 11. Mai um acht Uhr morgens erfolgte die Überführung zum Dom. Ein würdiger Trauerzug, angeführt und begleitet von höchsten Beamten der Behörden und der Universität, wissenschaftlicher Institute und von einem großen Teil der Bevölkerung, bewegte sich vom Sterbehaus in der Oranienburger Straße zur Friedrichstraße und zur Straße Unter den Linden, um schließlich am Dom zu enden. Auf der Freitreppe des Doms empfing der Prinzregent mit anderen Angehörigen des Hofes den Sarg, es begann die Trauerfeier. Danach erfolgte die Überführung nach Schloß Tegel, und Alexander von Humboldt fand in der Humboldtschen Familiengrabstätte am Ende des Schloßparks inmitten der schon vor ihm bestatteten Familienmitglieder die letzte Ruhestätte.

Drei Tage nach dem Tod Alexander von Humboldts schrieb der französische Staatsminister Achille Fould an Napoleon III.: »Paris, 9. 5. 1859. Sire! Der Tod des Herrn von Humboldt ist ein trauriges Ereignis für die gelehrte Welt; aber nach Deutschland, zu dessen höchsten Berühmtheiten Herr von Humboldt gehörte, findet sein Verlust in Frankreich den schmerzlichsten Widerhall. Dieses Genie hat in unserer Mitte Jahre zugebracht, unsere berühmtesten Gelehrten waren seine Mitarbeiter; er hat seine wichtigsten Werke in französischer Sprache herausgegeben. Er gab für unser Land eine solche Sympathie und Anhänglichkeit zu erkennen, daß er fast unser Landsmann geworden war. Ich schlage Ew. Majestät vor, das Andenken des Herrn von Humboldt durch eine seiner würdige Anerkennung zu ehren und zu beschließen, daß seine Statue in den Galerien von Versailles aufgestellt werde. So wird der Tod ruhmvolle Männer, die seine Bewunderer und Freunde waren, nicht trennen.« Napoleon III. entsprach dem Ersuchen seines Ministers, die zwei Meter hohe Marmorstatue, geschaffen von Augustin Al. Dumont (1801-1884), wurde nach 1870 in Versailles aufgestellt, wo sie bis auf den heutigen Tag zu finden ist. (17)

Zum Tode Humboldts ließ das Institut de France eine große Silbermedaille prägen, Rundschrift auf der Vorderseite: *»Alexander von Humboldt, geboren in Berlin den 14. September 1769, dreißig Tage nach Napoleon I., gestorben in Berlin den 6. Mai 1859. Mit dem Beinamen: ›Der neue Aristoteles‹.«* Rundschrift auf der Rückseite: *»Doyen der Mitglieder des Instituts von Frankreich.*

Der größte Gelehrte des Jahrhunderts. Begründer der allgemeinen
Physik des Erdballs.« (Abb. 40)

Prof. Werner Stein hat in seinem »Kulturfahrplan« (16) für
das Jahr 1859 eingetragen:

Datum   Rubrik »Wissenschaften«
6. 5. 1859   *Gestorben Alexander von Humboldt, deutscher*
                     Naturforscher, begründete und förderte zahlreiche
                     Wissenschaften, gilt als einmalig in seinem um-
                     fassenden Wissen.

Alexander von Humboldt in seinem Spätwerk, dem »Kosmos«:

»Die Natur ist für die denkende Betrachtung Einheit in der Vielfalt, Verbindung des Mannigfaltigen in Form und Mischung, Inbegriff der Naturdinge und Naturkräfte, als ein lebendiges Ganzes.«

Und an anderer Stelle im »Kosmos«:

»Gleichmäßige Würdigung aller Teile des Naturstudiums ist aber vorzüglich ein Bedürfnis der gegenwärtigen Zeit, wo der materielle Reichtum und der wachsende Wohlstand der Nationen in einer sorgfältigeren Benutzung von Naturprodukten und Naturkräften gegründet sind.«

LITERATURVERZEICHNIS

Angeführte Werke und weiterführende Arbeiten:

1) Alexander von Humboldt: Reise in die Aequinoctial-Gegenden des neuen Continents. Einzige von A. v. Humboldt anerkannte Ausgabe in deutscher Sprache, Bearbeitung von Hermann Hauff, Cotta, Stuttgart, 1859-1861, 6 Bände

2) Adolf Meyer-Abich: Alexander von Humboldt in Selbstzeugnissen und Bilddokumenten, rororo-Monographien, Rowohlt, Reinbek, 1967

3) Hanno Beck: Alexander von Humboldt, 2 Bände, mit Bibliographie, Franz Steiner Verlag, Wiesbaden, 1959/1961

4) Herbert Scurla: Alexander von Humboldt. Sein Leben und Wirken, Verlag der Nation, Berlin, 1959
   Herbert Scurla: Alexander von Humboldt. Eine Biographie, Claassen-Verlag, Düsseldorf, 1982

5) Hanno Beck, wie 3) Bd. I, 1. Kapitel, S. 45, Briefzitat Wilhelm von Humboldts an G. K. Brinkmann

6) Karl F. Kohlenberg: Alexander von Humboldt, Engelbert Verlag, Balve, 1975

7) Douglas Botting: Alexander von Humboldt, Prestel Verlag, München, 1982

8) Salvador López Herrera: Die Kanarischen Inseln, ein geschichtlicher Überblick. Dt. Übersetzung, Editorial Dosbe, Madrid, 1978

9) Pedro Hernández Hernández (Dirección y coordinación): Natura y Cultura de las Islas Canarias, La Laguna, 1977

10) A. Cioranescu: Puerto de la Cruz/Tenerife. Romerman Ediciones, Santa Cruz de Tenerife, 1970 (Deutsche Übersetzung)

11) Familie von Humboldt (Hg.): Briefe Alexander's von Humboldt an seinen Bruder Wilhelm, Cotta, Stuttgart, 1880, Seite 61

12) Heráldica de los apellidos canarios: Chaparro D'Acosta, Tomo I. 1980 und 1952

13) Naturwissenschaftliche Wochenschrift, Neue Folge, Bd. XIX, Berlin, 1920

14) Johann Peter Eckermann: Gespräche mit Goethe in den letzten
    Jahren seines Lebens, hg. von Ernst Beutler, München 1976
15) Helmut de Terra: Alexander von Humboldt und seine Zeit,
    Brockhaus, Wiesbaden, 1959
16) Werner Stein: Kulturfahrplan, F. A. Herbig, Berlin, 1962
17) Halina Nelken: Alexander von Humboldt, Dietrich Reimer
    Verlag, Berlin, 1980
18) Führer zum Schinkeljahr, Herausgeber Senat von Berlin,
    Nicolaische Verlagsbuchhandlung, Berlin, 1981
19) Universalismus und Wissenschaft im Werk und Wirken der
    Brüder Humboldt, Verlag V. Klostermann, Frankfurt am
    Main, 1976

Weitere Werke, die zur Bearbeitung vorlagen:

Alexander von Humboldt: Ansichten der Natur, herausgegeben von
    Meyer-Abich, Reclam, 1969
Alexander von Humboldt: Kosmos. Jubiläumsausgabe zum
    14. 9. 1869, Cotta, Stuttgart
Alexander von Humboldt: Relation historique du voyage aux
    régions équinoxiales du Nouveau Continent, Nachdruck
    des 1814-1825 in Paris erschienenen Originals, hrsg. von
    Hanno Beck, 3 Bände, Brockhaus, Stuttgart, 1970
Richard Bitterling: Alexander von Humboldt, Dt. Kunstverlag,
    München-Berlin, 1959
Karl Bruhns: Alexander von Humboldt. Eine wissenschaftliche
    Biographie, Gemeinsch. Arbeit. 3 Bände, Leipzig, 1872
Alejandro Cioranescu: Alejandro de Humboldt en Tenerife. Instituto
    de Estudios Canarios, La Laguna, 1960 (Spanisch)
Dt. Wetterdienst: Berichte Nr. 59. Gedenkfeier für Alexander von
    Humboldt. 19. 6. 1959
Werner Feisst: Alexander von Humboldt 1769-1859. Das Bild seiner
    Zeit in 200 zeitgenössischen Stichen, Verlag Dr. Wolfgang
    Schwarze, Wuppertal, 1978
Gesellschaft für Erdkunde, Berlin (J.-H. Schultze): Festschrift,
    18./19. 5. 1959

Alexander-von-Humboldt-Stiftung: 200 Jahre Alexander von Humboldt und andere, Mitteilungen Nr. 18 / Dezember 1969, Bonn-Godesberg
Heinrich Klencke: Alexander von Humboldt. Leipzig, 1852
Mario Kammer: Alexander von Humboldt. Mensch – Zeit – Werk, Gebr. Weiss Verlag, Berlin, 1954
Julius Löwenberg: Bibliographische Übersicht. F. A. Brockhaus, Stuttgart, 1960
Loren A. McIntyre: Die amerikanische Reise, GEO-Verlag, 1982
Joachim Seeger: Schloß und Park Tegel, Dt. Kunstverlag, Berlin, 1976
Georg Forster: Reise um die Welt, Insel Verlag, Frankfurt/M., 1983
August Wietholz: Geschichte des Dorfes und Schlosses Tegel, Verlag Knüppel, Berlin-Tegel, 1922
Wilhelm Constantin Wittwer: Alexander von Humboldt. Sein wissenschaftliches Leben und Wirken, Verlag T. D. Weigel, Leipzig, 1861

Umfassende, ausgezeichnete Literaturzusammenstellungen der Veröffentlichungen und Werke Alexander von Humboldts sowie des gesamten Schrifttums über ihn und sein Leben und Werk in dem zu 3) genanntem Werk von Prof. Dr. Hanno Beck, Bonn.

Hier eine Auswahl neuerer Veröffentlichungen über Alexander von Humboldt (nach 1985):

Originaltexte:
Alexander von Humboldt: Reise in die Äquinoktial-Gegenden des Neuen Kontinents, überarbeitet, mit einem Nachwort versehen und hrsg. von Ottmar Ette, 2 Bände, Insel Verlag, Frankfurt a.M., 1991
Alexander von Humboldt: Ansichten der Kordilleren und Monumente der eingeborenen Völker Amerikas, aus dem Französischen von Claudia Kalscheuer, ediert und mit einem Nachwort von Oliver Lubrich und Ottmar Ette. Eichborn, Frankfurt am Main, 2004 (Reproduktion der 69 Bildtafeln des „Atlas pittoresque")

Alexander von Humboldt: Kosmos. Versuch einer physischen Weltbeschreibung, ediert und mit einem Nachwort versehen von Ottmar Ette und Oliver Lubrich, Eichborn, Frankfurt am Main, 2004

Alejandro de Humboldt: Permanencia en Tenerife. Edición, estudio crítico y notas de Manuel Hernández González, Ediciones Idea, Santa Cruz de Tenerife, 2005 (Ausschnitt aus „Voyage aux régions équinoxiales", ins Spanische übersetzt von Lisandro Alvarado, Caracas 1941)

Alexander von Humboldt. Mein vielbewegtes Leben. Der Forscher über sich und seine Werke. Ausgewählt und mit biographischen Zwischenstücken versehen von Frank Holl, Eichborn, Frankfurt am Main, 2009

Studien, Dokumentationen:

Humboldt im Netz (HiN), Internationale Zeitschrift für Humboldt-Studien, hrsg. von Prof. Dr. Ottmar Ette, Universität Potsdam (www.avhumboldt.de)

Ottmar Ette: Alexander von Humboldt und die Globalisierung. Das Mobile des Wissens, Insel, Frankfurt am Main, 2009

Miguel Ángel Puig-Samper / Sandra Rebok: Sentir y medir. Alejandro de Humboldt en España, Doce Calles, Aranjuez, 2007 (Spanisch)

Stiftung Stadtmuseum Berlin (Hg.): Alexander von Humboldt. Escalas de un viajero explorador. Stationen eines Forschungsreisenden, Berlin / Puerto de la Cruz, 1999 (Katalog zur Ausstellung anlässlich des 200. Jahrestages von Humboldts Besuch auf Teneriffa, zweisprachig)

Abb. 36   Alexander von Humboldt, 1805
Radierung von Auguste Desnoyers nach einer Skizze von François Gérard

A. Krausse gest.

Abb. 37
Selbstporträt Alexander von Humboldts im 45. Lebensjahr. Er signierte es:
»Alexander von Humboldt von mir selbst vor dem Spiegel, Paris 1814«.
Aus: Karl Bruhns, »Alexander von Humboldt«, 1872

Nach Halina Nelken (17) hat es vermutlich zwei Stahlstiche vom Selbstporträt gegeben. Sie bezeichnet das Bild nach dem Stich von A. Krausse als
das bessere, weshalb dieses für den Abdruck ausgewählt wurde.

Abb. 38
Berlin, Erinnerungsmedaille von 1828
(Sammlung des Verfassers)

Zur Erinnerung an die 16 erfolgreichen Vorträge 1827/1828 in der Berliner
Singakademie wurde von einem Komitee eine Medaille bei den Künstlern
Tieck und Rauch in Arbeit gegeben. Der Medailleur Brandt hat sie geschaffen. Durchmesser 6,4 cm. Diese Medaille in Gold wurde Alexander
von Humboldt am 18. 5. 1828 übergeben. Die Vorderseite trägt lediglich
den Namen »Alexander von Humboldt« und rahmt so den von Tieck
geschaffenen Kopf ein.
Die Rückseite beschreibt Christian Rauch in einem Brief an Goethe wie
folgt:»Unten im Rund ist Gäa und der Oceanus nebst Löwen und Seeunge-
heuer angegeben, drüber in Mitten des Rundes, wölbt sich über ihnen das
Firmament, durch einen Theil des Thierkreises worauf die Bilder der Monde
sind in welchem Humb. Vortrag zu Berlin gehalten wird, über diesen, ist
Helios mit seinem Viergespann gebildet Himmel und Erde beleuchtend,
und so füllt sich auch oben die runde Scheibe der Medaille. Der Rand ist
mit folgender Inschrift geziert: *Illustrans Totum Radiis Splendentibus Orbem.*
Unten im Abschnitte unter Gäa und Oceanus: *Berolini MDCCCXXVIII.* In
Bronze wird gedachte Ehrenmedaille an die beitragenden Zuhörer gleich-
zeitig verteilt, später tritt dann unter Professor Lichtensteins Versorgung der
Verkauf dieser Medaille für alle und jeden ein.
Einen Abguß meiner Skizze habe ich schon zur Seite gesetzt, und es bedarf
nur des Winkens Eurer Excellenz, um diese Kleinigkeit Ihnen zur Ansicht
zuzusenden.« (17)

Abb. 39
Alexander von Humboldt im Alter nach einer Porträtskizze
von Franz Krüger

Abb. 40
Im Todesjahr Alexander von Humboldts ließ das Institut de France eine
große silberne Erinnerungsmedaille prägen (A. Bovy, 1859), Silber und Zinn,
7,6 cm Durchmesser (Sammlung des Verfassers).

Die Rundschrift um den Kopf lautet: »Alexander von Humboldt, geboren in
Berlin den 14. September 1769, dreißig Tage nach Napoleon I., gestorben in
Berlin den 6. Mai 1859«. Mit dem Beinamen: »Der neue Aristoteles.«

Die Inschrift auf der Rückseite lautet: »Doyen der Mitglieder des Instituts
von Frankreich. Der größte Gelehrte des Jahrhunderts. Begründer der
allgemeinen Physik des Erdballs.«

Abb. 41
Humboldt-Schloß in Berlin-Tegel, Parkseite. Wilhelm von Humboldt
ließ sich das alte Schlößchen 1822-24 vom Preußischen Baumeister Karl
Friedrich Schinkel erweitern und umbauen. Der klassizistische Stil Schinkels
ist unverkennbar. Für Wilhelm von Humboldt waren die römischen Villen,
die er während seiner langjährigen Anwesenheit in Rom als Preußischer
Bevollmächtigter kennenlernte, Vorbild für die Innen- und teilweise
Außengestaltung. In den Nischen der Fassade wurden Marmorkopien antiker
Statuen aufgestellt. Die Türme wurden mit den von Rauch geschaffenen
Reliefs der acht Windgötter nach Athener Vorbildern geziert.

Im Führer zum Schinkeljahr, herausgegeben vom Senat von Berlin, 1981,
heißt es: »Schloß Tegel war der geeignete Rahmen für die erlesene Sammlung
antiker Skulpturen Wilhelm von Humboldts, deren Aufstellung Schinkel bei
der Ausstattung der Innenräume berücksichtigte.« (18)

Abb. 42
Die von Schinkel gestaltete Ruhestätte der Familie von Humboldt am
westlichen Ende des Schloßparks. Die Porphyrsäule trägt eine Kopie der
»Hoffnung« von Thorvaldsen.

Bildnachweis

Fotos nach Originalzeichnungen Alexander von Humboldts von der
Fotostelle der Niedersächsischen Staats- und Universitätsbibliothek,
Göttingen (Abb. 24, 27, 28, 43, Buchumschlag)

Bildarchiv Preußischer Kulturbesitz, Berlin 2009 (Abb. 4, 36, 39,
Umschlagklappe: Gemälde von Joseph Karl Stieler, 1843)

FEDAC / Cabildo de Gran Canaria, Archivo de fotografía histórica de
Canarias (Abb. 7 Postkarte Hafen Santa Cruz, Abb. 9 Postkarte La
Laguna, Abb. 13 Foto Norman, Abb. 15 Foto M. Baeza, Abb. 22
Foto E. Baena, Abb. 47 Postkarte Paseo San Telmo)

Max Planck Institute for History of Science / Fundación Canaria Orotava
de la Historia de la Ciencia (Abb. 30 Radierung von J. J. Williams, in:
Barker Webb / Berthelot, Histoire naturelle des îles Canaries, I.2., pl. 28,
1839)

Archiv Rincones del Atlántico (Abb. 6 Foto Marcos Baeza, Abb. 31 Casa y
Jardines del Coronel Don Juan Domingo de Franchis, Radierung von
Simon Cattoir (Brüssel) nach einer Zeichnung von Sigmund Freuden-
berg (1791)

Autoridad Portuaria Santa Cruz de Tenerife (Abb. 8 Luftbild)

Stadt Puerto de la Cruz, Bauamt (Abb. 23 Luftbild)

Stadt La Orotava, Kulturamt (Abb. 53)

Klostermeier / Apart Art (Abb. 3)

Günter Voss (Abb. 2 Teneriffa-Karte aus Hans Meyer: Die Insel Tenerife.
Wanderungen im canarischen Hoch- und Tiefland. Leipzig, 1896)

Alfred Gebauer (Abb. 5, 12, 37, 38, 40, Autorenfoto Umschlagklappe)

Verena Zech (Abb. 10, 11, 14, 16, 17, 18, 19, 20, 21, 25, 26, 29, 32, 33, 34,
35, 41, 42, 44, 45, 46, 48, 49, 50, 51, 52, 54)

Die Drachenbäume im Orotava-Tal

Wiedergabe aus dem »Reisewerk«, Alexander von Humboldts großformatigem Band »*Atlas pittoresque*«, Tafel 69, von ihm selbst gezeichnet, Paris 1810. Das Alter des Baumes wurde auf 4000 bis 5000 Jahre geschätzt. Humboldt sah und zeichnete den Drachenbaum 1799 (Abb. 43). In den Jahrzehnten danach verfiel der Baum, der Stamm wurde hohl, ein großer Orkan vernichtete ihn im Jahre 1868. Der diesen Drachenbaum betreffende Auszug aus dem »Reisewerk« Alexander von Humboldts ist auf der folgenden Seite wiedergegeben.

Auszug aus dem Reisewerk:

»Obgleich wir den Drachenbaum in Herrn de Franquis Garten aus Reiseberichten kannten, so setzte uns seine ungeheure Dicke doch in Erstaunen. Man behauptet, der Stamm dieses Baumes, der in mehreren sehr alten Urkunden erwähnt wird, weil er als Grenzmarke eines Feldes diente, sei schon im 15. Jahrhundert so ungeheuer dick gewesen wie jetzt. Seine Höhe schätzten wir auf 16-19,5 m; sein Umfang nahe über den Wurzeln beträgt 14,6 m . . . Der Stamm teilt sich in viele Äste, die kronleuchterartig aufwärts ragen und an den Spitzen Blätterbüschel tragen, ähnlich der Yucca im Tale von Mexico. Durch diese Teilung in Äste unterscheidet sich sein Habitus wesentlich von dem der Palmen. Unter den organischen Bildungen ist dieser Baum, neben der Adonsonia oder dem Baobab am Senegal, ohne Zweifel einer der ältesten Bewohner unseres Erdballs . . . Der in Herrn de Franquis Garten trägt noch jedes Jahr Blüten und Früchte. Sein Anblick mahnt lebhaft an die ewige Jugend der Natur, die eine unerschöpfliche Quelle von Bewegung und Leben ist . . . In La Laguna verfertigt man in Nonnenklöstern Zahnstocher, die mit dem Saft des Drachenblutes gefärbt sind, und die man uns sehr anpries, weil sie das Zahnfleisch konservieren sollten.«

Auszug aus der wissenschaftlichen Beschreibung in der Naturwissenschaftlichen Wochenschrift (13) des Jahres 1920: »*Drachenbaum, Dracaena Draco L.* – Dieser ebenfalls zu den Monokotylen, aber mehr in die Nähe der Liliaceen zu stellende

Baumtypus hat ein beschränktes Verbreitungsgebiet: Sokotra, Kanarische Inseln und die gegenüber liegenden Ecken des afrikanischen Kontinents. Der Drachenbaum wächst wie ein dikotyles Holzgewächs in die Dicke; er wird gegen 20 m hoch und erreicht ein hohes Alter . . . Ein auf Teneriffa bis zum Jahre 1868 stehendes Exemplar wurde auf 5000 Jahre geschätzt (Einschränkung: Das Alter wird vielfach zu hoch angegeben) . . . Aus der Rinde schwitzt von selbst oder durch Wunden ein Harz, das sich blutrot färbt (Drachenblut) und u. a. zu Lackarbeiten brauchbar ist. Erwähnt wird das Drachenblut als »indischer Zinnober« (*Gummi Cinnabari*) bereits bei Dioscurides und Flavius Arianus, einem griechischen Schriftsteller, der unter Kaiser Hadrian Konsul und Statthalter von Kappadokien war. In seinem Bericht über die Umschiffung Arabiens (Anabasis Alexandru) heißt es: Der sogenannte indische Zinnober wird auf der Insel des Dioskurides (d. i. Sokotra) von Bäumen, aus denen er tröpfelt, gesammelt. Der Baum selbst aber wird von den Alten nicht näher beschrieben . . . Überhaupt scheint die wesentliche Quelle für diese Droge erst mit der Entdeckung der kanarischen Inseln (1341) erschlossen worden zu sein.«

In der naturwissenschaftlichen Literatur wird mehr und mehr die Meinung vertreten, daß der Drachenbaum in den wärmeren Perioden unserer Entwicklungsgeschichte auch in den Mittelmeergebieten wuchs und verdrängt wurde in subtropische Gebiete, wo er vorzugsweise an basalthaltigen Gesteinsmassiven oder auf basalthaltigen Böden wächst.

Auf den folgenden Seiten heutige Aufnahmen von Drachenbäumen des Orotavatals. Um einen Vergleich zum großen Drachenbaum in Franchis Garten zu geben, sind die Maße der heute im Orotaval stehenden großen Drachenbäume zusammengestellt:

	Stammumfang
In De Franchis Garten in Orotava, 1799	14,60 m †
In Realejos (Am Friedhof)	9,50 m
In Orotava, Calle la Candelaria del Lomo	7,00 m
In Orotava, Paseo Domínguez Afonso	6,50 m
In Puerto de la Cruz, Sitio Litre	4,30 m

Der Drachenbaum kann als ein Zeuge der frühesten Flora unserer Erde gelten. Das »Drachenblut«, welches die Rinde des Baumes ausschwitzt, wenn sie verletzt wird, war in früherer Zeit der Menschheitsgeschichte den Völkern des Mittelmeeres bekannt, Dante schrieb von einem bluttriefenden Baum. Aus dem blutig aussehenden Saft wurden Heilsalben hergestellt, und die Römerinnen sollen den Saft als Tinktur auf ihren Toilettentischen gehabt haben. Man schrieb dem Drachenblut auch magische Kräfte zu und verwendete ihn zu Einbalsamierungen.

Bei Beginn des Handels mit den die Insel anfahrenden Seeleuten waren diese sehr erstaunt, daß den Inselbewohnern der Wert des Drachenblutes nicht bekannt war. Sie konnten so gegen ihre Waren bedeutende Mengen des in der Alten Welt sehr geschätzten Drachenbluts eintauschen.

Auf den folgenden Seiten werden die Drachenbäume des Orotavatals gezeigt. Der Vollständigkeit halber sei erwähnt, daß es auf Teneriffa neben weiteren Drachenbäumen noch ein besonders schönes und altes Exemplare gibt, den »tausendjährigen« Baum in Icod de los Vinos. Der alte Baum im Garten des Priesterseminars in La Laguna, der auf vielen historischen Postkarten abgebildet ist, wurde im Jahr 2005 saniert und teilweise gefällt.

Abb. 44
Sitio Litre mit dem ältesten Drachenbaum von Puerto de la Cruz
Stammumfang: 4,30 m

Abb. 45
Puerto de la Cruz, Carretera del Botánico

Abb. 46   Drachenbaum im Zentrum von Puerto de la Cruz, eingerahmt
von einer hochgewachsenen Priesterpalme (rechts) und einer Dattelpalme,
die eine kanarische Eigenart ist (*phoenix canariensis*). Es ist eine der schönsten
Palmenarten, die wir kennen. Die Früchte sind sehr klein und nicht eßbar.
Darunter ein kleiner Drachenbaum.

Abb. 47   Blick in die andere Richtung in die Calle San Telmo. Aufnahme
aus Mitte/Ende des 19. Jahrhunderts, einfache Hafenstraße, im Hintergrund
die Kapelle San Telmo.

Abb. 48
Alter Drachenbaum auf der Höhe von La Paz. Im Vordergrund zwei junge
Drachenbäume. Wie auf den Vorseiten schon beschrieben, wächst der
Stamm in die Breite, er ist bei diesen kleinen Bäumen bereits sehr stark. Es
bilden sich bald dicke Äste, die sich immer wieder teilen. So formen die
messerscharfen Blätter eine große Krone.

Abb. 49 (rechts oben)
La Orotava. Plaza de San Francisco, oberhalb »Casa de los Balcones«

Abb. 50
La Orotava. Drachenbaum in El Ramal, Paseo Domínguez Afonso
Umfang des Stammes: circa 6,50 m

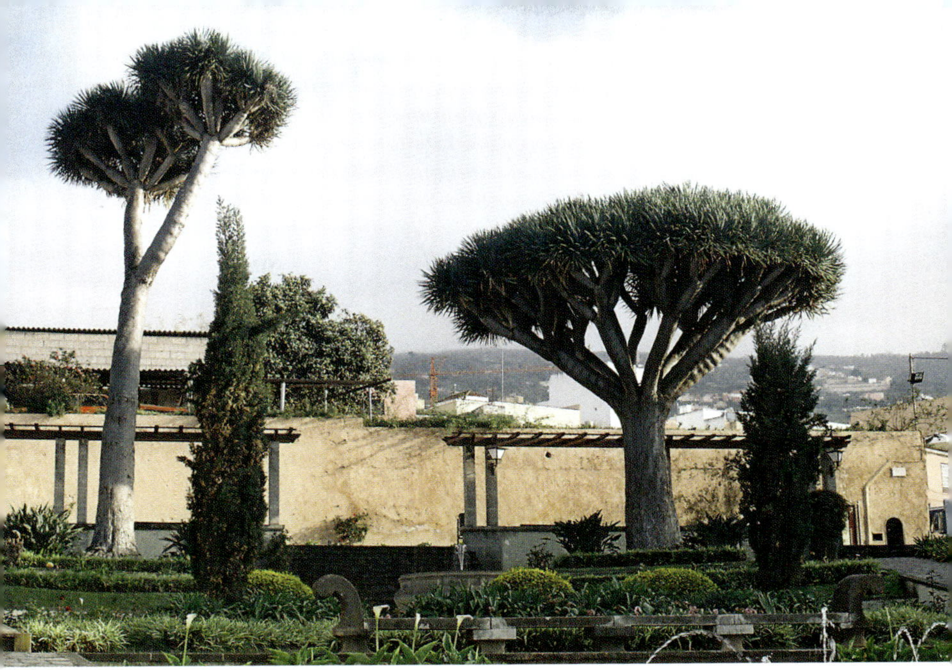

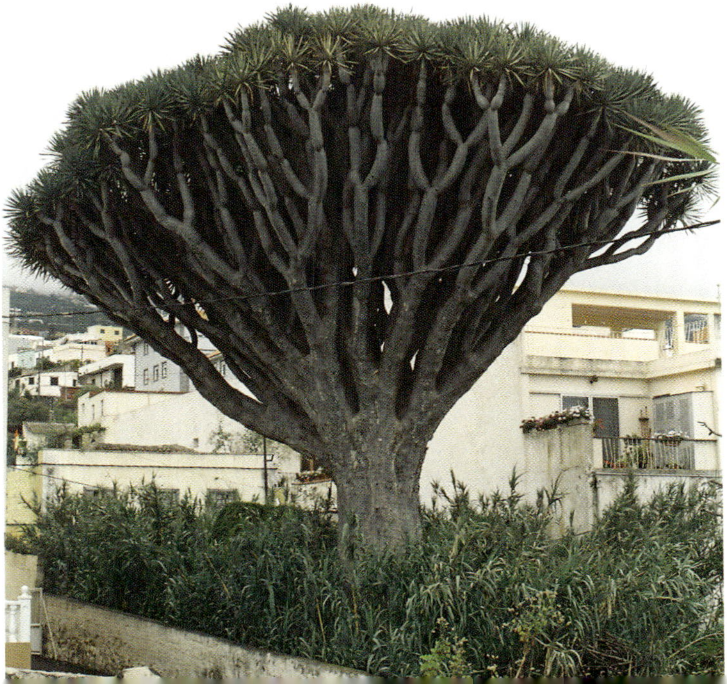

Abb. 51
La Orotava. Drachenbaum in der Calle Candelaria del Lomo. Umfang: 7 m

Abb. 52
Los Realejos. Der große Baum am Friedhof. Umfang des Stammes: 9,50 m

Abb. 53

Das Stadtwappen von La Orotava

Die Stadtverwaltung (Don Domingo Hernández Perrera, 1984) erläutert
die Einzelheiten des Wappens wie folgt: »Die Drachen stellen den üppigen
und starken Baum gleichen Namens dar, der bis zum vorigen Jahrhundert
existierte, seit der *Adelantado* Don Alonso Fernández de Lugo diese Ländereien Taoros eroberte. Die vier Äpfel, von den zwei Drachen bewacht,
versinnbildlichen die vier Orte des Orotava-Tals (heute drei) und stellen die
Goldäpfel dar, die sich im Garten der Hesperiden befanden, von dem die
Mythologie handelt. Die Krone veranschaulicht das Katholische Königspaar,
das diese Landstücke ihren großen Besitzungen eingliederte.«

Nach der griechischen Mythologie hüteten die Hesperiden die goldenen
Äpfel des Lebens im äußersten Westen der Welt. Der »Westen der Welt«
bezeichnete alles, was westlich des Mittelmeerraumes sich befinden sollte.
Die Phönizier fuhren mit ihren Booten westlich ihrer Stadt Cádiz und haben
sicherlich die »Inseln der Seligen« oder die »Inseln der Glücklichen« gekannt.

Abb. 54
Zum Schluß eine Gruppe besonders schöner und großer Drachenbäume in
La Quinta / Santa Úrsula

Weitere Titel aus dem Zech Verlag

Bestellungen: info@zech-verlag.com · Tel./Fax: +34 922302596

 Horst Uden:
Der König von Taoro
Histor. Roman der
Eroberung Teneriffas
ISBN 978-84-933108-4-4

 Luis Ramos:
Spanisch im Alltag. Ein
praktischer Sprachführer
ISBN 978-84-934857-1-9

 Horst Uden:
Unter dem Drachenbaum
Kanarische Legenden
ISBN 978-84-933108-2-0

 Marga Lemmer:
Der Inseltraum. Teneriffa.
Story einer Aussteigerin
ISBN 978-84-934857-4-0

 Harald Braem:
Tanausú. König der
Guanchen. Roman
ISBN 978-84-933108-0-6

 Ángeles Violán / Rafael
Arozarena: **Galerie der ka-
narischen Volksbräuche**
Naive Malerei, ISBN
978-84-933108-9-9

 Harald Braem:
**Auf den Spuren der
Ureinwohner**. Archäologi-
scher Reiseführer für die
Kanaren, ISBN 978-84-
934857-3-3

 Andrea Micus:
Gefühle inklusive
Urlaubslieben und was aus
ihnen wurde
ISBN 978-84-938151-0-3

 Harald Braem:
Der Vulkanteufel
Kanaren-Thriller
ISBN 978-84-934857-2-6

 Harald Braem:
Tod im Barranco
Kanaren-Thriller
ISBN 978-84-938151-5-8

Das Verlagsprogramm im Internet: www.zech-verlag.com

Irene Börjes:
Tod am Teide
Kanaren-Krimi
ISBN 978-84-934857-0-2

Karl Brodhäcker:**Tödlicher Abgrund**
Gran Canaria-Kriminalgeschichten
ISBN 978-84-934857-5-7

Volker Himmelseher: Teneriffa-Krimis

Das Drachenbaum-Amulett
ISBN 978-84-934857-8-8
Tödliche Gier
ISBN 978-84-938151-4-1
Mord nach Missbrauch
ISBN 978-84-938151-3-4

Bester Krimi in Spanien 2003

Antonio Lozano:
Harraga. Im Netz der
Menschenhändler
Kriminalroman
Dt. Originalausgabe
978-84-938151-1-0

In Spanisch:

Harald Braem:
**Tras las huellas de
los aborígenes**
Guia arqueológica de
Canarias. ISBN 978-84-
934857-9-5

Harald Braem: **Tanausú, rey de los
guanches**. Novela histórica
ISBN 978-84-933108-5-1

Horst Uden: **El rey de Taoro**. Novela
histórica de la conquista de Tenerife
ISBN 978-84-933108-1-3

Horst Uden: **Bajo el drago**
Leyendas canarias
ISBN 978-84-933108-3-7

Roberto Zapperi: **El salvaje
gentilhombre de Tenerife**. La singular
historia de Pedro González y sus hijos
ISBN 978-84-933108-7-5

*Premio Novelpol 2003: Mejor novela negra
en España*

Antonio Lozano:
Harraga
978-84-938151-2-7